本书由湖南科技大学马克思主义理论学科经费资助，是湖南省高校优秀团队项目最终成果

概论课高质量
教学团队建设研究

杨松菊　刘图其/著

知识产权出版社
全国百佳图书出版单位
—北京—

图书在版编目（CIP）数据

概论课高质量教学团队建设研究／杨松菊，刘图其著．—北京：知识产权出版社，2022.12

ISBN 978-7-5130-8527-4

Ⅰ.①概…　Ⅱ.①杨…②刘…　Ⅲ.①毛泽东思想—教学研究—高等学校②中国特色社会主义理论体系—教学研究—高等学校　Ⅳ.①A84②D610

中国版本图书馆CIP数据核字（2022）第249367号

责任编辑：彭小华　　**责任校对：**王　岩

封面设计：张国仓　　**责任印制：**孙婷婷

概论课高质量教学团队建设研究

杨松菊　刘图其　著

出版发行：知识产权出版社有限责任公司　　网　址：http：//www.ipph.cn

社　址：北京市海淀区气象路50号院　　邮　编：100081

责编电话：010-82000860转8115　　责编邮箱：huapxh@sina.com

发行电话：010-82000860转8101/8102　　发行传真：010-82000893/82005070/82000270

印　刷：北京九州迅驰传媒文化有限公司　　经　销：新华书店、各大网上书店及相关专业书店

开　本：880mm×1230mm　1/32　　印　张：8.125

版　次：2022年12月第1版　　印　次：2022年12月第1次印刷

字　数：200千字　　定　价：68.00元

ISBN 978-7-5130-8527-4

目录

CONTENTS

CHAPTER 01 >>

第一章 概论课高质量教学团队建设的基本理论

推进概论课高质量教学团队建设，必须从教学团队的内涵、功能、教学团队建设的要求等基本理论问题谈起。这是研究概论课高质量教学团队建设问题的逻辑起点，更是明确建设思路的前提。与其他类型教学团队一样，概论课高质量教学团队也是以提高教学质量为目的、以打造优秀课程、围绕教学改革而建立起来的。但是，由于概论课课程的特殊性，教学团队的建设也有别于其他专业课程团队建设。因此，准确把握概论课高质量教学团队建设的相关理论，有助于从实践层面更好地思考建设的思路。

第一节　教学团队建设的基本内涵

所谓团队，是与个人相对而言的一个群体。团队一词最初多用于企业管理当中，主要由管理层和员工共同组成。其目的是合理利用群体中每个成员的优势、特长，协同处理面临的问题，以实现群体的共同目标。当前，关于团队的定义可谓是智者见智、仁者见仁。根据美国学者乔恩·R. 卡曾巴赫与道格拉斯·K. 史密斯的说法，团队就是由少数有互补技能、愿意为了共同的远景业绩目标和方法而相互承担责任的个体所组成的群体。❶团队有五个构成要素：目标（purpose）、人员（people）、定位（place）、权限（power）、计划（plan）。基于表达这五大构成要素的英语单词的第一个字母都为 P，学者们把它简称为 5P。

一、教学团队的内涵

在团队这一概念的基础上，延伸出了教学团队的概念。对于什么是教学团队，学界也有不同的看法。例如，刘宝存认为："教学团队是由以教书育人作为共同的远景目标，为完成某个教学目标而明确分工协作、相互承担责任的少数知识技能互补的个体所组成的团队。"❷ 为了讲清楚高校发展的任务需求，马廷奇指出：教学团队是以提高教学质量和效果、推进教学改革为主要任务，为实现共同的教学改革目标而相互承担责任的教师群体。还有学者从基本任务、根本目标、工作重点、团队结构等方面对高职院校教学团队进行了定义，该作者认为，高职院校教学团队构建的主要任务是服务于教学改革和教学任务这一需要，其根本目的在于提升教学和人才培养质量、促进教师队伍整体素质的提高，重

---

❶ 乔恩·R. 卡曾巴赫等：《团队的智慧：创建绩优组织》，侯玲译，经济科学出版社，1999，第 41 页。

❷ 刘宝存：《建设高水平教学团队促进本科教学质量提高》，《中国高等教育》2007 年第 15 期。

点是推动教学内容、教学方法改革与研究，促进教学研讨和教学经验交流，开发教学资源，推进教学工作。[1] 团队由教学水平高、专业技能强或学术造诣深的教授带领，团队成员知识与能力互补、分工明确。而在高等教育教学评估中，“教学团队是开展教学建设、实施课程教学的一种基本组织形式。它是高等学校以课程、课程群组的建设为任务，整合教师力量，形成教学实施、研究与改革的创新型教学业务组合。教学团队以教学内容和教学方法的改革为主要途径，以系列课程和专业建设为平台，以提高教师教学水平和教育质量为目标”[2]。

综上所述，教学团队是一个由多人组成的群体，其组成人员在职称、专业研究方向上存在差异，是老中青相结合、研究和教学各有特长、以提高教学研究能力为主要目的的教学团体。

二、教学团队的主要构成要素

根据教学团队的定义，我们可以得知，教学团队主要包含如下几个要素：

（1）需要一群涵盖不同年龄、不同专业的教师。教学团队是一个群体，因此，构成人员不仅在年龄上会有差异，而且所学的专业也各有不同。年龄大一点的教师不仅学术能力较强，而且教学经验丰富，他们是支撑教学团队的主体。而青年教师学历层次普遍较高、学术功底不错，虽然教学时限较短，教学经验不够丰富，但富有教学激情，善于接受新事物。不同年龄层次的教师组合成教学团队，有利于他们发挥各自的特长，提高教学团队的科研能力和教学水平。

---

[1] 马莉：《高职院校执行力研究》，西南交通大学出版社，2017，第 121 页。

[2] 李进才主编：《高等教育教学评估词语释义》，武汉大学出版社，2016，第 97 页。

（2）这个群体的组成人员必须对教学拥有相当高的热情。教学团队是通过整合教师力量，形成教学实施、研究与改革的创新型教学业务组合。不管是科研能力的提升，还是教学水平的提高，都需要每一位成员投入大量的时间和精力，如果对教学科研工作没有较高的热情，将很难完成团队所承担的各项任务。因此，在选择团队成员的时候，必须把工作热情作为标准之一。

（3）这个团队必须有一个教学能力强、科研水平高的带头人。教学团队作为一个组合，要发挥其在高校教育教学中的特殊作用，首先必须得有一个核心来凝聚团队力量。带头人作为团队核心和灵魂，其教学能力和科研水平的高低决定着这个团队成员的成长高低。为此，团队必须拥有一个教学水平高、教学能力强、政治思想道德素质高、学术造诣深的带头人。带头人能够为团队的其他教师树立学习的榜样，并能为每个成员的发展提供好的建议。同时，教学团队建设内容繁多，事务繁杂，人员复杂，没有较强的组织管理能力是无法完成团队建设任务的。因此，较强的组织管理能力和协调能力、一定的奉献精神也是带头人所必须具备的重要特质。具备这些特质，团队带头人才能充分发挥其示范引领作用。

（4）团队成员必须相互支持、互相信任，具有较强的团队意识和合作能力。教学团队建设在突出带头人核心引领作用的同时，还必须有一批相互支持、相互信任的骨干成员。教学团队能不能脱颖而出，优秀的带头人和良好的建设平台固然重要，团队骨干成员的知识、经验和技能以及团队意识和合作能力也是不可或缺的条件。因此，在组建教学团队时，必须从学科教师队伍中挑选好骨干成员，在注重成员知识、经验和技能的同时，还不能忽视成员之间的交流和沟通能力，这是增强团队凝聚力和向心力的重要条件。只有通过交流和沟通，才能促进团队成员之间经验与技能的不断整合与增长，以提升团队教师的专业能力和教学水平。

三、概论课高质量教学团队的含义

在了解教学团队内涵的基础上，我们再来分析概论课高质量教学团队的含义。“高质量”一词来源于十九大报告关于“我国经济已经由高速增长阶段转向高质量发展阶段”的论述，指的是我国经济发展条件和发展阶段的变化。相对于高速增长阶段来说，高质量发展阶段中，经济增速会适当放慢，但发展模式则会呈现出高质量和高效益的特点。十九大之后，“高质量”一词频频出现，并开始出现于高校思想政治理论课建设的范畴之中。尤其在习近平总书记召开“3·18”全国高校思想政治理论课教师座谈会之后，学界关于思想政治理论课高质量发展、高质量建设的思考越来越多。正是基于这一缘由，本书才会以“高质量教学团队建设”作为研究对象。

那么，如何理解概论课高质量教学团队的含义呢？这就要从概论课的课程性质说起。概论课是高校思想政治理论课的重要组成部分。教育部《新时代思想政治理论课改革创新实施方案》规定，“毛泽东思想和中国特色社会主义理论体系概论”课程主要讲授马克思主义中国化理论成果，引导学生深刻理解中国共产党为什么能、马克思主义为什么行、中国特色社会主义为什么好，坚定“四个自信”。[1] 党的十八大以来，以习近平同志为核心的党中央为做好世界之问、中国之问、人民之问的答卷，在吸收人类历

---

[1] 《中央宣传部 教育部关于印发〈新时代学校思想政治理论课改革创新实施方案〉的通知》，2020－12－22，http://www.moe.gov.cn/srcsite/A26/jcj_kcjcgh/202012/t20201231_508361.html.

史上一切优秀文明成果的基础上，根据时代、实践的深刻变化，形成了一系列新思想新战略新理论，彰显了中国共产党人秉持人民至上理念、坚定社会主义信仰信念、突出问题导向、把握历史主动的理论特质。作为当代中国和21世纪的马克思主义，习近平新时代中国特色社会主义思想成为推动中国特色社会主义取得历史性成就和发生历史性变革的思想武器，使得马克思主义放射出更加灿烂的真理光芒。为了让大学生深入理解和掌握这一思想，增强他们的认同度，加强宣传和研究习近平新时代中国特色社会主义思想中所展现出的真理力量便成为高校概论课教学的重要任务。为了更好地推进概论课课程建设，提高21世纪马克思主义真理力量在大学生中的认同度，概论课高质量教学团队必须把“展现21世纪马克思主义真理力量”作为主要任务。

因此，概论课高质量教学团队是以从事马克思主义理论教育教学的教学名师、名教授为带头人，以马克思主义理论学科教授、副教授或博士为主体，以“毛泽东思想和中国特色社会主义理论体系概论”教研室为主要建设单位，以本科生概论课、《毛泽东思想》课程以及硕士研究生《中国特色社会主义理论与实践研究》课程群为建设平台的具有明确发展目标和良好合作精神，老中青相结合，职称、知识结构合理的教学业务人员组合。❶ 上述定义包含着如下几个意思：第一，概论课高质量教学团队是为了推进习近平新时代中国特色社会主义思想的宣传和研究而组建，其工作重点是开展习近平新时代中国特色社会主义思想的宣传。第二，教学团队组建的基础是开展概论课教学改革，完成该门课程的教学任务。第三，该教学团队的目标是提升教学质量，把道理

❶ 李进才主编：《高等教育教学评估词语释义》，武汉大学出版社，2016，第97页。

讲深、讲透、讲活，完成立德树人的任务。第四，该项教学团队是由教学能力强、马克思主义理论学术造诣深、工作能力强、具有一定人格魅力的教授担任带头人，由一批知识与能力互补、学缘结构不同、职称年龄各异、具有协作精神、责任心强的成员构成。

不过，还有一点必须明确的是，概论课高质量教学团队与高校其他类型的教学团队是不完全相同的。根据当前学术界的一般认识，高校教学团队分为专业型、技能型和教学型三种类型。而课程教学团队大致可以分为通识课程教学团队、专业基础课程教学团队、专业课程教学团队等。[1] 对于通识课程教学团队来说，体现价值性与普遍性、拓宽学生的综合素质基础是其主要任务。根据学者的认识，概论课高质量教学团队应该属于通识课程教学团队这一类型，教学中必须体现其价值性与普遍性。同时，该教学团队又是以高校思想政治理论课“毛泽东思想和中国特色社会主义理论体系概论”这门课程为建设平台，既要体现学科性，又必须体现实践性，目的在于培养学生对马克思主义中国化理论成果的理解与认同。所以，概论课高质量教学团队又属于公共基础课程教学团队。

第二节　概论课高质量教学团队的功能定位

随着互联网的盛行，更随着“千禧一代”的到来，当代大学生群体思想更为开放、活跃，也更容易受到错误思潮和错误价值

---

[1] 马莉：《高职院校执行力研究》，西南交通大学出版社，2017，第121页。

观的影响。概论课在成为落实“立德树人”重任关键课程的同时，其生存空间也受国内外形势的挤压。概论课高质量教学团队建设，作为高校思想政治理论课“质量工程”的重要任务之一，改变了以往教师单打独斗的状况，在教学中注重教学团队成员的共同进步，建立团队合作机制，促进教学研究和教学经验的交流，开发整合教学资源，不仅有助于教学质量的提高，而且能够更好地贯彻落实立德树人的基本要求。因此，需要合理界定教学团队的功能定位。所谓“功能”，是指事物或方法所发挥的作用或效能。所有满足使用者需求的事物都具有某种功能。概论课高质量教学团队也是如此。总体来看，概论课高质量教学团队具有立德修业、铸魂育人、理论研究和理论宣讲等四大功能。

一、立德修业功能

立德修业是“展现21世纪马克思主义真理力量”教学团队的首要功能。“立德”是中国传统文化中为人处世的最高标准之一。《左传》中说：“立德立功立言”。宋代史学家司马光在《资治通鉴》里说：“才者，德之资也，德者，才之帅也”。唐代有学者也指出：“立德，谓创制垂法，博施济众。”所谓“立德”，是指树立高尚的道德。也就是通过自我反省，使个人的心灵得到净化。实际上就是不断提高自身修养，培养良好的道德品质。所谓“修业”，其本意是指研读书籍，后引申为修营功业，建立功业。对于教师来说，立德修业就是要不断提升自身素质和提高教学能力。这是概论课教师承担历史重任的首要条件。习近平总书记多次强调，办好思政课的关键在教师。概论课能否“展现21世纪马克思主义真理力量”，关键也在教师。正如列宁所说：“在任何学校里，最重要的是课程的思想政治方向。这个方向由什么来决定呢？完全而且只能由教学人员来决定。”[1] 那么，我们应该建设一支什么样的教师队伍呢？这是党和国家、也包括教育部门一直都在思考的问题。

中华人民共和国成立以来，特别是改革开放以来，我国都高度重视思想政治理论课教师队伍的建设，制定颁布了一系列重要文件，用于指导思想政治理论课建设，诸多文件对思想政治理论课教师的来源、任职资格、业务培训、薪资待遇等方面都做了明确规定。[2] 但是，对于教师队伍建设仍然还有不太明确的地方。1978 年 4 月出台的《关于加强高等学校马列主义理论教育的意见》是改革开放以来首个对高校思想政治理论课教师队伍建设进行剖析并提出对策的文件，这为思政课教师队伍的建设提供了遵循。1984 年，中央宣传部、教育部《关于印发〈关于加强和改进高等院校马列主义理论教育的若干规定〉的通知》的相关规定，实际就是明确了我们要培养什么样的思想政治理论课教师的问题。通知指出：马列主义教师必须“在政治上同中央保持一致，全心全意为人民服务，忠诚于社会主义教育事业，作风正派，为人师表；要谙熟马列主义理论，具有较广博的中外历史、教育学、伦理学等社会科学知识和自然科学基础知识；要有一定的实际工作锻炼（包括做学生的思想政治工作）。青年教师要掌握一门外国语言。”[3] 后来，又要求思政课老师必须“具备对错误思潮有一定的识别能力……从事教师和学生思想政治工作的人员应具有大学

[1] 《列宁全集》第 45 卷，人民出版社，1990，第 249 页。

[2] 忻平、吴德勤：《高校思想政治理论课改革发展研究》，上海大学出版社，2015，第 148 页。

[3] 教育部社会科学司：《普通高校思想政治理论课文献选编（1949—2008）》，中国人民大学出版社，2008，第 97 页。

以上文化程度”。[1] 党的十五大以后，“98 方案”出台并实施，思政课教师队伍建设也进入一个新的阶段。在原有建设的基础上，学风建设也被提上日程。2004 年 1 月中共中央出台的《关于进一步繁荣发展哲学社会科学的意见》要求：“哲学社会科学工作者要坚持严谨治学、实事求是、民主求实的学风……要增强社会责任感，加强学术道德修养，提倡做人、做事、做学问相一致，坚决抵制各种不正之风，自觉维护哲学社会科学工作者的良好形象。”[2] 2005 年 2 月出台的《关于进一步加强和改进高等学校思想政治理论课的意见》是高校思想政治理论课教师队伍建设的一个纲领性文件，之后，思想政治理论课教师队伍建设进入一个系统化时期。

由以上各个时期对高校思想政治理论课教师队伍建设的基本要求来看，立德修业是高校思政课教师的基本要求。因此，概论课高质量教学团队的建设必须围绕“立德修业”的功能而进行。那么，应该立什么德、修什么业呢？习近平总书记在全国高校思想政治理论课教师座谈会上提出的“政治要强、情怀要深、思维要新、视野要广、自律要严、人格要正”六点要求，就是“立德修业”的基本准则。所以，概论课高质量教学团队必须坚持以习近平总书记对思政课教师的六点要求为基本准则，不断强化自身建设，坚持“立大德”“守公德”“明私德”，使自己成为一名有信仰、有情怀、有修养、有能力的思政课教师。

也就是说，概论课高质量教学团队成员本身应该是马克思主义理论的坚定信仰者和切实践行者，教学实践表明，作为一种集

---

[1] 教育部社会科学司：《普通高校思想政治理论课文献选编（1949—2008）》，中国人民大学出版社，2008，第 103 – 104 页。

[2] 教育部社会科学司：《普通高校思想政治理论课文献选编（1949—2008）》，中国人民大学出版社，2008，第 200 页。

知识教学与信念教育为一体的教育教学活动，思想政治理论课教师既要遵循知识学习中的认知规律，更要注重自身在信念教育中的榜样性、艺术性和实践性；如果教师自身的理论素养和教学技能乏善可陈，对马克思主义理论不是“真信”“真学”“真教”“真用”，言行不一、名实不一、表里不一，理论与实践脱节，学生则不仅仅会怀疑教师的能力与水平，更会认为课程与理论没有价值。因此，高校思想政治理论课教学团队建设应立足于自身的特殊性，在注重激励各成员通过自身竞争持续获得优势地位、不断生发教育教学特色的同时，更要通过价值引领、制度约束等一体化机制强化团队成员的合作与互补，在确保教学内容系统性和教学过程协调性的基础上实现思想政治理论课的育人目标。[1]

二、铸魂育人功能

中共中央宣传部、教育部印发的《新时代学校思想政治理论课改革创新实施方案》中指出，坚持用习近平新时代中国特色社会主义思想铸魂育人，加强“四个自信”教育，将贯彻习近平新时代中国特色社会主义思想体现在大中小学各学段的课程目标、课程设置和课程教材内容中，实现全覆盖、贯穿全过程。这里实质上就道出了高校思想政治理论课的重要功能是铸魂育人。

习近平总书记指出：“大学是立德树人、培养人才的地方，是青年人学习知识、增长才干、放飞梦想的地方。”[2] 高校的首要职能和本质职能是人才培养。大学时期是学生人生观、价值观形成

---

[1] 傅志军主编：《构建提高教学质量长效机制的实践与探索》，西安电子科技大学出版社，2011，第 39 页。

[2] 习近平：《在北京大学师生座谈会上的讲话》，《人民日报》2018 年 5 月 3 日第 2 版。

的关键时期，大学生思想观念趋于成型，但仍有较大的可塑性；接受新鲜事物的能力很强，但鉴别力还很欠缺。[1] 国内外意识形态面临的复杂局面，使得部分学生产生了困惑和迷茫，甚至有的还迷失了方向。面对这种情况，如何为大学生解疑释惑、析理明道，便成为高校思想政治理论课培根铸魂工程的重大任务。

（1）要培育大学生社会主义核心价值观。高校概论课是对青年学生进行铸魂的重要阵地。作为高校思政政治理论课程的重要组成部分之一，概论课程的灵魂是社会主义核心价值体系，是国家主导意识，是意识形态领域多元化中的主导元。[2] 推进概论课高质量教学团队建设，必须坚持以立德树人为基本导向，聚焦培养德智体美劳全面发展的社会主义建设者和接班人这一根本任务，始终把握住育人为本、德育为先、能力为重、全面发展的本质要求，在提升自己教学科研能力的基础上，把人格的养成、知识的学习和能力的训练有机统一起来，始终高度重视教育和帮助学生树立正确的世界观、人生观、价值观，将个人成长成才与投身实现中华民族伟大复兴中国梦的实践紧密相连，使受教育者成为德智体美劳全面发展的社会主义建设者和接班人。[3]

（2）要增强大学生的使命担当。青年是中国特色社会主义事业的接班人，是祖国和民族的希望。正是因为如此，马克思主义者非常重视青年这一特殊群体的作用。马克思认为无产阶级的未来“因而也是人类的未来，完全取决于新一代工人的成长”。[4] 列宁则指出，“我们是革新者的党，而总是青年更乐于跟着革新者

---

[1] 赵越主编：《思想政治理论课综合实践教程》，辽宁大学出版社，2018，第1页。
[2] 赵越主编：《思想政治理论课综合实践教程》，辽宁大学出版社，2018，第1页。
[3] 唐未兵：《高等学校的职责使命》，《光明日报》2016年1月20日第13版。
[4] 《马克思恩格斯全集》第21卷，人民出版社，2003，第270页。

走。我们是跟着腐朽的旧事物进行忘我斗争的党，而总是青年首先投身到忘我斗争中去”。[1] 中国共产党更是高度重视青年，通过中国共产党青年团培养了大量青年人才，使广大青年成为革命的先锋队和国家建设的生力军。五四运动以来，我国发生了三大历史性事件，即中国共产党的建立、中华人民共和国的成立和改革开放及中国特色社会主义事业的推进，这三大历史性事件的发生都离不开青年的作用。正如习近平总书记所说：“100 年来，中国青年满怀对祖国和人民的赤子之心，积极投身党领导的革命、建设、改革伟大事业，为人民战斗、为祖国献身、为幸福生活奋斗，把最美好的青春献给祖国和人民，谱写了一曲又一曲壮丽的青春之歌。”[2]

新时代赋予新使命，新使命呼唤新担当。新时代的青年更应传承前辈的精神，积极承担中华民族伟大复兴和“两个一百年”奋斗目标的历史使命。广大青年大学生不仅要珍惜这个时代，而且必须担负起时代使命，学会担当、尽责。所以，以习近平同志为核心的党中央对青年一代寄予了殷切期望。他指出：“新时代青年要乘新时代春风，在祖国的万里长空放飞青春梦想，以社会主义建设者和接班人的使命担当，为全面建成小康社会、全面建设社会主义现代化强国而努力奋斗，让中华民族伟大复兴在我们的奋斗中梦想成真！”[3] 青年能否承担起这一历史使命，能否把他们培养成为新时代中国特色社会主义事业的接班人，是新时代概论课教学团队必须思考的重要问题。正如《新时代思想政治理论课

---

[1] 《列宁全集》第 14 卷，人民出版社，1988，第 161 页。

[2] 习近平：《在纪念五四运动 100 周年大会上的讲话》，《人民日报》2019 年 5 月 1 日第 2 版。

[3] 习近平：《在北京大学师生座谈会上的讲话》，《人民日报》2018 年 5 月 3 日第 2 版。

改革创新实施方案》中所要求的：大学阶段重在增强学生的使命担当。为此，概论课教学中必须培养大学生为人民服务、为中国共产党治国理政服务、为巩固和发展中国特色社会主义制度服务和为改革开放和社会主义现代化建设服务的担当意识。高校概论课是以马克思主义中国化为主题，以马克思主义中国化两大理论成果为主线，辐射党史、新中国史、改革开放史、社会主义发展史的重点内容，引导学生在系统掌握马克思主义基本原理和马克思主义中国化理论成果主要内容及主要精神的基础上，提高学生运用马克思主义立场观点方法分析和解决问题的能力，增强坚持党的领导、坚持改革开放、坚持中国特色社会主义道路、坚持马克思主义指导的自觉性和主动性，增强学生的使命感和担当意识。

（3）要增强大学生坚定“四个自信”的自觉性。坚定自信是一个国家、民族和政党安身立命的必要条件。基于此种认识，党的十八大以来，我们党逐渐提出了“四个自信”。“四个自信”的提出经历了一个由“三者统一”到“三个自信”再到“四个自信”逐步拓展和深化的过程。[1]“四个自信”的并列提出，既是源于对我国改革开放40多年成功实践的总结，也是来自于我国进一步发展的需要。“四个自信”，即习近平总书记在党的十九大报告中提出的“道路自信、理论自信、制度自信、文化自信”。青年是中国特色社会主义事业的接班人，是实现“两个百年”奋斗目标和中华民族伟大复兴的中国梦的希望寄托。他们素质的好坏、理想信念是否坚定关系到党和国家事业的成败。正如习近平总书记所说：“青年是整个社会力量中最积极、最有生气的力量，国家的

---

[1] 蔡常青：《中国特色社会主义“四个自信”并列提出的重大价值》，《红旗文稿》2016年第18期。

希望在青年，民族的未来在青年。”[1] 而青年大学生又是青年群体中的中坚力量，要成为堪当民族复兴重任的时代新人，必须坚定“四个自信”。

青年大学生坚定“四个自信，不仅是树立正确价值观和塑造时代责任感的需要，也是落实高校立德树人重任的需要，更是推进中国特色社会主义事业的需要。习近平总书记强调：“实现中华民族伟大复兴的中国梦，物质财富要极大丰富，精神财富也要极大丰富。”[2] 作为一种宝贵的精神财富，“四个自信”和其他精神财富都具有规范社会行为、维护社会秩序、引领社会风尚的作用。青年大学生作为社会价值的风向标，坚定四个自信，他们绝对不能缺位。因此，高校不仅肩负着研究和宣传中国特色社会主义理论的使命，更承担着为党和国家培养接班人的重任。为此，必须要引导青年学生坚定“四个自信”，将爱国之情、强国之志、报国之行融入中国特色社会主义事业、建设社会主义现代化强国、实现中华民族伟大复兴的奋斗之中。这是思想政治理论课的重要任务之一。概论课高质量教学团队对此必须有清醒的认识。

三、理论研究功能

一般来说，理论研究大都是理论家和学者的活动，其目的在于探讨理论体系和新的理论发现。加强理论研究不仅是团队建设的重要内容，也是其主要目的。从某种意义上说，理论研究就是为了推进马克思主义理论学科的建设，提高教学团队的科研能力，以便更好地为教学服务。之所以如此，是因为强有力的学科支撑

---

[1] 习近平：《在纪念五四运动100周年大会上的讲话》，《人民日报》2019年5月1日第2版。

[2] 《习近平谈治国理政》第二卷，外文出版社，2017，第323页。

是提高思想政治理论课实效性的基础。正是因为如此，我国著名科学家钱伟长教授把教学与科研比作老师的两条腿，他指出："作为一个教师，搞好教书育人工作，这是必要条件，也要从事科学研究，这才是充分条件。"❶ 因此，对于思想政治课老师来说，没有科研作为支撑，不可能真正做好教学。

基于此种认识，2008 年 9 月中央宣传部、教育部出台的《关于进一步加强高等学校思想政治理论课教师队伍建设的意见》中就批评了一些学校学科支撑薄弱、教学科研组织不规范等情况，并要求："根据马克思主义理论学科的性质、特点和要求……完善二级学科体系，为思想政治理论课提供对应支撑……将思想政治理论课的课程建设、教材建设、教学方法改革、教师队伍建设、学科建设以及教学中重要理论和实际问题的研究等作为重要选题，列入国家教育科学研究和人文社会科学研究规划中，项目单列，单独评审，单独检查，推进一批高水平的思想政治理论教育教学研究成果。"❷ 文件的出台进一步彰显了理论研究对于思想政治理论课建设的重要性。

近年来，理论研究、学科建设和思想政治理论课教学之间互相促进、相得益彰。国家哲学社会科学规划办、教育部都有思想政治理论课专项课题，实现单独评审，高校思政课课题经费大幅增长。同时，有些省市实施了马克思主义理论研究精品出版资助计划，推出了一批社会影响力较大的研究成果，为思想政治理论课建设提供了强有力的学科支撑，形成教学带动科研、科研促进

---

❶ 钱伟长：《教育和教学问题的思考》，上海大学出版社，2003，第 1 页。

❷《中宣部 教育部关于进一步加强高等学校思想政治理论课教师队伍建设的意见（教社科〔2008〕5 号》，2008－09－23，http://www.moe.gov.cn/jyb_xxgk/gk_gbgg/moe_0/moe_1964/moe_2541/tnull_41238.html。

教学的良性循环。此外，马克思主义理论青年学者论坛、思想政治教育前沿问题研讨会、思想政治教育博士论坛等学术会议，也推动了马克思主义理论学科的理论研究工作。❶

为什么要突出理论研究功能？可以从如下几个方面进行分析：

首先，理论研究是概论课教师必须拥有的能力。作为高校老师，和其他社会科学的专业老师一样，开展理论研究是概论课教师安身立命的根本，是必备的内功。如果缺乏科研能力，不能进行理论研究，也就不能称之为合格的思政课老师。同时，概论课教师队伍具有一定的特殊性，教师不完全是出身于马克思主义理论学科，甚至有的还是按传统专业培养的，这与时代发展要求并不完全适应。虽然很多高校对此进行了反思，并采取措施进行调整：比如，淡化专业划分，强化问题导向和意识、拓宽专业面等。但是总体来看，马克思主义理论学科高层次人才的培养与教学中依然存在问题。正如有的学者所说：我们现在面临的问题越来越综合，现实中的问题不是按专业出现的，也不是哪一个专业能够独自解决的。❷ 而加强理论研究、提高科研能力则是解决这一问题的关键。概论课教师是解决课程教学问题的主体，只有对解决现实问题有自己的判断和分析，才能够说出马克思主义的道理，才能应对教学中可能出现的各种问题。

其次，开展理论研究有助于深入地了解和把握概论课教学的大环境。要提高概论课的教学实效性，教学内容、教学方法都必须跟上实践和时代发展的要求，因此，只有准确了解和把握教学

---

❶ 忻平、吴德勤：《高校思想政治理论课改革发展研究》，上海大学出版社，2015，第 152 页。

❷ 顾钰民：《以教师科研能力提高促进思想政治理论课改革创新》，《理论与改革》2020 年第 1 期。

大环境，才能讲清楚21世纪马克思主义中国化的理论成果。习近平新时代中国特色社会主义思想，不仅是当代中国化马克思主义的最新理论成果，更是21世纪的马克思主义，是马克思主义基本原理与中国特色社会主义新时代相结合的产物，是改革开放这一伟大觉醒的理论创造。正如习近平总书记所指出的："改革开放是我们党的一次伟大觉醒，正是这个伟大觉醒孕育了我们党从理论到实践的伟大创造。改革开放是中国人民和中华民族发展史上一次伟大革命，正是这个伟大革命推动了中国特色社会主义事业的伟大飞跃！"❶ 也就是说，正是改革开放的伟大觉醒，使我们回到了马克思主义的科学轨道上，实现了我们事业的伟大发展。❷ 在这一伟大觉醒中，我们必须坚持马克思主义的指导地位。而习近平新时代中国特色社会主义思想就是21世纪的马克思主义。如果不能了解这个大环境，就无法讲清楚习近平新时代中国特色社会主义思想的逻辑起点。

再次，开展理论研究有助于踏实地做好概论课教学改革创新。深刻变化的国际国内环境对概论课教学提出了更高的要求。教师以怎样的思想观念来对待马克思主义理论，以怎样的精神状态进行思想政治理论课改革创新，实际上是一种理念，也是基本的态度。党的十八大以来，党中央和国家高度重视高校思政课教学的改革创新，为概论课的教学改革创造了前所未有的大好局面。因此，概论课教师必须要静下心来，潜心思考问题，不断提高科研能力，加大对理论和实践问题的研究力度，才能在不断提高各种

---

❶ 习近平：《在庆祝改革开放40周年大会上的讲话》，《人民日报》2018年12月19日第2版。

❷ 顾钰民：《以教师科研能力提高促进思想政治理论课改革创新》，《理论与改革》2020年第1期。

能力包括科研能力的基础上，脚踏实地做好改革创新的每一件事情。对于概论课老师来说，教学改革的重要目的是提高解决学生思想问题的能力。实践是理论之源，马克思主义理论是随实践的发展而不断发展的，今天的实践是世界正处于百年未有之大变局和中华民族伟大复兴处于关键时期。习近平新时代中国特色社会主义思想就是在解答深刻变化的实践提出的世界之问、人民之问、中国之问中逐渐形成发展的，是对经典马克思主义的继承和发展，是马克思主义与时俱进的具体体现。所以，如何从理论上回答这些现实问题、如何理解习近平新时代中国特色社会主义思想的一系列基本问题，是保持概论课教学改革旺盛的生命力的重要条件。如果做不到这一点，概论课教师、甚至包括整个教学团队都不能解决学生中存在的大量思想问题。

所以说，概论课教学团队要引导大学生做中国特色社会主义道路、理论、制度和文化的坚定信仰者、积极践行者，关键是要自己真懂真信马克思主义。怎样才能做到真懂？那就是：通过加强对马克思主义中国化最新理论成果的研究和宣传，把马克思主义理论内化于心，外化于形。因此，概论课教师团队建设的一项重要内容就是要求团队成员加强对马克思主义理论学科的科学研究，即在认认真真地学习马克思主义理论，原原本本地学习马克思主义经典著作的基础上，用马克思主义的基本立场、观点和方法观察和研究中国特色社会主义伟大事业中的重要问题，把马克思主义变成自己想问题、做事情的基本立场、观点、方法。也就是说，用马克思主义来观察、认识和解决现实问题，并通过思想政治理论课的教学，把马克思主义理论的知识转化为大学生认识和解决问题的能力，并最终成为青年学生的价值追求和理想信念。

最后，加强理论研究，有助于提高概论课的教学实效性。加强科学研究，一是能够增强教学内容的学理性。习近平总书记明确要求思政课教师“要坚持政治性和学理性相统一，以透彻的学理分析回应学生，以彻底的思想理论说服学生，用真理的强大力量引导学生。”❶ 概论课教学带有一定的理论宣讲性，理论性强，如果教师仅仅只是简单的照本宣科，他的角色要么就是书本的“搬运工”，要么就是课堂的“点读机”，马克思主义中国化理论成果只是进入课堂，进入书本，而不能真正进入学生的头脑。因此，概论课教学团队建设必须把成员科研水平的提高作为重要内容之一。只有通过科研活动，才能把握马克思主义理论学科的发展方向、前沿与热点问题，才能把脉最新的政策方针，这对于提升团队成员的学识素养具有重要意义。教师只有坚持科研，才能对马克思主义中国化的最新成果有深入的了解，并能将之转化为教学内容，才能让自己的教学真正成为有观点的教育、有说服力的教育和有灵魂的教育。也就是说，通过科研成果的转化，老师实现了将自己的东西传递给学生、增强课堂教学的说服力和感染力的目的。二是有利于提高教学方法的针对性和实效性。科学研究的过程也是一个资料收集、信息取舍、方法更新的过程。马克思主义中国化、时代化、大众化进程历时长，内容多，教学内容信息量巨大。但是，思政课的教学学时是有限制的。根据教育部最新规定，概论课总学分为 5 分，理论授课和实践教学总共 80 学时。据调查，除西南大学和武汉大学两所高校，概论课程分为两个学期开设，每学期有 54 课时外，其他高校一般只开设一个学期，实际理论授课学时一般在 48 ~ 64 学时。与概论课的教学内容相比，这些课时远远不够。如何解决有限课时与无限容量之间的矛盾？

---

❶ 习近平：《用新时代中国特色社会主义思想铸魂育人 贯彻党的教育方针落实立德树人根本任务》，《人民日报》2019 年 3 月 19 日第 1 版。

这实质上就是一个合理进行教学设计的问题。为此，概论课教师必须对教材内容进行选择、精简，适当取舍，将教材体系有效地转化为教学内容。如何“精简”？有研究者如是说，所谓“精”，是指教师要对教学内容精挑细选，不能随意取舍。所谓“简”，是指教师要化繁为简，教学内容应简要而不简单。内容过多，教师无法在有限学时内完成教学任务；内容太少，不能充分发挥思政课应有的作用。要设计好教学内容，教师必须充分研究并熟悉教材内容。[1]

可以说，思想政治理论课教师的一项重要任务就是把科学的研究、知识的传授、能力的转换以及价值观的树立有机地统一起来，以实现高校思想政治课程的知识目标、能力目标以及价值观目标。概论课也是高校引导学生确立正确“三观”和坚定理想信念的重要渠道，如何提高课堂教学的实效性一直是担任该门课程的老师们所思考的问题。提高课堂教学效果的途径很多，把科研成果转化为课堂教学资源也是重要方法之一。教学与科研不仅是教学的立业之本，也是衡量教师素质的两项基本指标。因此，教学科研一体化是新时代高校思想政治理论课教学的职责所在与使命要求，[2] 是精耕细作“责任田”的两个重要手段。

四、理论宣传功能

理论宣传功能是概论课高质量教学团队建设的又一重要功能。理论宣传又称理论教育，是对社会科学理论进行推广和普及，或

---

[1] 袁本文、张治银：《关于提升思想政治理论课教师科研能力的思考》，《学校党建与思想教育》2019 年第 11 期。

[2] 柳礼泉、杨葵：《高校思想政治理论课教师教学科研一体化论析》，《马克思主义理论学科研究》2019 年第 6 期。

从理论上说明现行路线、政策、方针的宣传活动。[1] 理论宣传不仅是社会主义精神文明建设工作的重要组成部分，更是将习近平新时代中国特色社会主义思想送到千家万户的重要形式。[2]

理论宣传是传播马克思主义理论创新成果的有效途径。恩格斯指出："一个民族想要站在科学的最高峰，就一刻也不能没有理论思维。"[3] 理论宣传作为一种思维活动和思维工具，任何国家都不可或缺。马克思主义是中国共产党人的看家本领，正如毛泽东所说："我们的眼力不够，应该借助于望远镜和显微镜。马克思主义的方法就是我们观察世界和认识社会的望远镜和显微镜。"[4] 但"望远镜和显微镜"不会自动进入人们头脑，更不可能自动转化为行动自觉。要想让马克思主义、特别是马克思主义中国化的最新理论成果内化于心、外化于形，必须深入开展各种各样形式的理论宣传和教育。正如习近平总书记所说："理论创新每前进一步，理论武装就要跟进一步。"通过理论宣传，我们才能实现政治性、理论性和教育性的有机结合。[5]

中国共产党历来重视理论宣讲工作，一直把理论宣讲作为党的政治工作的一个重要手段，理论宣讲也成为中国共产党的优势传统。中国共产党从成立开始，就非常重视理论宣传工作。为了让更多的中国人民理解、掌握马克思主义，在中国共产党第一次代表大会上，就要求"各级党组织以书籍、日报、标语和传

---

[1] 刘建明、王秦玄等：《宣传舆论学大辞典》，经济日报出版社 1993 年版，第 559 页。

[2] 韩筱蓓：《理论润心田 宣讲促发展——武威市深入开展理论宣讲工作纪实》，《武威日报》2021 年 1 月 15 日。

[3] 《马克思恩格斯选集》（第 3 卷），人民出版社，2012，第 875 页。

[4] 《毛泽东选集》（第 1 卷），人民出版社，1991，第 212 页。

[5] 鲁燕等：《做好高校思想政治工作和理论宣讲》，2022－03－04，http://www.sxdj.gov.cn/a/kjww/20220304/63709.shtml。

单等形式，迅速占领思想文化阵地，进行马克思主义理论宣传”。❶ 之后，我们党更是做到了哪里有群众，哪里有党员，哪里就有党的主义及口号的宣传。随着形势的不断发展，党的宣传组织机构不断建立健全，理论宣传普及目的更为明确，理论宣传手段更为丰富和有效，最终筑牢了革命、建设和改革的共同思想基础，为新时代更好推进党的理论宣传工作提供了有益借鉴。

高校思想政治理论课是学习宣传马克思主义理论创新成果的主要阵地之一，应该发挥理论宣讲排头兵作用。2016 年 12 月 7－8 日，习近平总书记在全国高校思想政治工作会议上部署高校思想政治工作人员的根本任务时，提到“四个坚持不懈”，其中之一就是“坚持不懈传播马克思主义科学理论”。总书记的这一论述实质点明了高校思想政治理论课担负着“宣传、传播马克思主义科学理论”的重要任务。这是与高校思想政治理论课的课程性质有着密切联系。高校思想政治理论课是各级各类大学生的必修课，是其他课程的灵魂，它集政治教育、思想教育和道德教育于一身，承担了对大学生进行政治导向、道德培育、文化传承、能力培养以及人格塑造的任务。❷ 因此，概论课教师必须把概论课课堂作为一个小小的理论宣讲舞台，努力做到“每一节思政课，都是一场学术报告；每一名思政课教师，都是‘四个自信’最有说服力的名片”。❸

---

❶ 中共中央文献研究室、中央档案馆：《建党以来重要文献选编（1921—1949）》（第 1 册），中央文献出版社，2011，第 4 页。

❷ 王璐：《分析高校思想政治理论课的课程性质及教学设计——评〈高校思想政治理论课导学〉》，《中国党政干部论坛》2021 年第 4 期。

❸ 《陕西省在第二届全国高校思想政治理论课教学展示中获佳绩》，2021－12－22，https://baijiahao.baidu.com/s?id=1719854706619892800&wfr=spider&for=pc。

第三节　概论课高质量教学团队建设的基本要求

明确概论课高质量教学团队的内涵，只是为团队建设提供了一个基本方向。要想找到明确的思路，还必须充分明晰建设的基本要求。总体来看，高质量教学团队建设，应该包括明确的建设目标、合理的建设定位、成员结构的优化方略、科学的建设布局等几个方面。

一、明确的建设目标

作为一项关系高校概论课课程建设的系统工程，概论课高质量教学团队必须有明确的建设目标，这是一个至关重要的要求。目标是否具有一致性，事关教学团队的生存和发展，事关团队建设的发展方向。

首先，建设目标明确团队的努力方向。概论课高质量教学团队是以概论课教学部为基础，以学院领导、系部主任、优秀的中青年教师为骨干的群体，人数至少 15 人。各校团队成员年龄基本上都在 38～58 岁，虽然是老中青结合，但 45 岁以上人员占多数。团队成员在性格、年龄、学术背景方面存在着很大差异性。如果没有明确的目标，将会导致团队成员没有共同方向，甚至会影响团队的生存与发展。

其次，明确的目标有助于凝聚团队力量。凝聚团队力量是教学团队建设的重要保障，明确的目标是凝聚团队力量的重要保证。“建设目标是团队基于自身发展需要和现实条件所设定的、通过努力所要达到的预期境界和目的。"[1] 概论课高质量教学团队担负着创新概论课教育思想和教学理念、创新概论课教学模式、推进概论课教学改革与提升教学质量、提高理论宣讲和理论研究能力等几大目标。通过确立教学团队的目标，可以引导成员将自己的主要精力集中在团队共同的方向上。

最后，明确目标有助于坚强团队成员的意志。教学团队要保持稳定，必须要有坚强的意志。教学团队建设不可能一帆风顺，也不可能一蹴而就，建设过程中会遇到资金、能力和人际关系等各个方面的困难，有了明确的建设目标，团队成员就能够排除各种困难，始终忠于自己的团队，做好自己的本职工作，为团队的建设和发展不懈努力。

作为教学团队的一种类型，高校思想政治理论课教学团队建设的目标设定当然要体现教学团队的一般任务，但又不能完全等同，必须契合自身的特殊性，科学确定团队建设的目标体系。这里需要特别指出的是，高校思想政治理论课教学团队的建设目标首先必须高度体现政治性要求，以"从政治上思想上促进大学生健康成长"这一核心价值诉求统领思想政治理论课教育教学思想和理念的创新、教学模式的创新、教学改革的推进和教学质量的评价。[2]

二、合理的建设定位

由于各种因素的影响，不同高校的教学硬实力和软实力存在

---

[1] 傅志军主编：《构建提高教学质量长效机制的实践与探索》，西安电子科技大学出版社，2011，第 40 页。

[2] 傅志军主编：《构建提高教学质量长效机制的实践与探索》，西安电子科技大学出版社，2011，第 41 页。

较大差异。就当前一般情况来看，教育部直属高校的条件明显强于一般地方高校。特别是在“双一流”建设的大背景下，高校的实力差异更为明显。因此，分属于不同高校的教学团队建设，不管是在政策支持上，还是经费分配中，都会受到这些因素的影响。这是在推进教学团队建设过程中不能忽略的重要问题。也就是说，教学团队建设必须立足于原有学校的起始条件和初始状况，必须有合理的建设定位，既不能落后，也不能超越于实际。这些条件主要包括教师队伍的数量与结构、各方对思想政治理论课教学的重视程度、制度建设的状况、教学设施的数量与结构、学生素质、校园文化等。[1] 把握好教学团队建设的起点，是制定切实的建设目标、形成有效的建设方案的前提条件和现实依据。

概论课高质量教学团队建设，应立足于各校概论课、特别是该校思想政治理论课教学和思想政治教育工作在教师队伍、教学经验、教学模式、教学平台、政策支撑、科学研究等方面的已有基础，学习借鉴合作学校的已有优势，并充分考虑到教学中存在的各种不利因素。换句话说，就是要找准教学团队建设的“定位”，即找准教学团队在整体功能上所处的现实水平和发展阶段。[2] 也就是要找出教学、科研、宣讲互动工作机制中存在的不足和缺陷。同时，还要准确把握教学团队的发展方向，即“定向”必须准确。对于展现“21 世纪马克思主义真理力量”的教学团队而言，就是要构建有利于培养“复兴栋梁、强国先锋”的教学、科研、宣讲联动互促机制。在概论课高质量教学团队建设中，团队成员

---

[1] 傅志军主编：《构建提高教学质量长效机制的实践与探索》，西安电子科技大学出版社，2011，第 41 页。

[2] 傅志军主编：《构建提高教学质量长效机制的实践与探索》，西安电子科技大学出版社，2011，第 42 页。

的政治性是第一位的，其政治立场、政治原则、政治方向、政治道路等因素决定着他们能否真正成为学习和实践马克思主义的典范、能否成为为学为人的表率？在这一点上，中宣部、教育部对高校思想政治理论课教学的“政治强、情怀深、视野广、自律严、人格正”的六要求，恰好证明了这一观点。因此，这是构成建设起点中最具有超越性的因素。同时，也必须重视他们的主观能力性，特别是团队成员的知识结构、学识水平、价值取向等主观精神状态也直接决定着建设起点的水平与高度。而其他客观条件，虽然也会对团队建设形成一定程度的制约，但其消极影响会在团队成员的主动有为和积极能动中降低，甚至会出现根本改观。

三、德才兼备的成员

概论课高质量教学团队的基本构成单位是成员，主要包括概论课程的学院领导、优秀中青年老师，甚至还包括少数外校声望较高的教师。团队成员既要承担各项建设任务，还可以直接创造和受益于建设成果。团队不是成员的简单相加，而是成员之间的有机联系和彼此协作。团队成员的构成决定着团队的功能。必须选择一批德才兼备的团队成员。

概论课高质量教学团队建设应紧紧围绕“有利于促进成员在教学、科研与宣讲互动机制中成长”的团队整体运行机制，在成员结构优化上坚持“三线合一、责任担当、德能并重、优势互补”的基本方略。

首先，在团队成员的选拔上，坚持“三线合一”原则。所谓“三线合一”，就是在概论课教研室的基础上，在全校范围内挑选以教学能力强、教研成果丰硕的概论课老师为主、以学校多年人事党务骨干为辅、并拥有占一定比例的优秀校友们组成的概论课高质量教学团队，实现成员的代表性、异质性和互补性。团队核心成员主要是由 10～15 名骨干成员。团队核心成员选拔以“六个要求”为标准，兼顾成员的科研能力和教学水平。一般而言，团队核心成员应该在马克思主义理论学科方面有较高的学术造诣，具有较强的教学改革和创新意识，教学测评位居学院前列、最好能在省级各类教学竞赛中获得过佳绩。同时，还必须具备亲和力强、治学严谨、视野开阔、人格正直、乐于奉献等优良品质。团队中的一般成员，可参照核心成员的标准条件适当降低，但必须要承担高校概论课教学，且师德师风没有不良记录、具备教学科研潜力。

其次，在团队成员的培养上，坚持“责任担当”。所谓“责任担当”，就是要求团队成员必须正确认识和解释理论与实践中的难点和热点问题，善于解决教学内容与社会现实之间的矛盾；要求团队成员正确处理好政治性与学术性的关系，乐于成为大学生的领路人；要求成员解决好教师主导与学生主体之间的关系，强于实现教学对话模式的转换。总的来说，就是通过教学团队的建设，提高概论课教学质量，真正承担起“为国育才、为党育人”的重任。为此，必须通过重点引导与自主培养相结合，不断充实团队的教学力量。同时，还要鼓励专任教师国外访学研修开拓概论课教师的国际视野。

再次，在团队成员的管理上，坚持以完善的制度作为保障。科学规范的制度和明确的标准是确保团队成员持续发展的重要保障。教学团队建设不可能一蹴而就，为确保团队建设目标的实现，科学规范的考核标准和奖励标准就显得格外重要。一是对团队成员科研业绩的要求，即要求团队成员在建设期限内必须发表一定数量的论文、获批一定数量的课题。二是对团队成员教学工作量的要求，主要是围绕概论课课程建设、教学改革研究等方面进行。三是对团队成员指导学生任务的规定。主要是对大学生思想政治理论课研究性学习指导、社会实践调查的指导以及学校其他教学实践活动的指导等。根据团队规定的全部任务，制定团队成员退出制度。各项任务能够达标，则继续留在团队。否则，就必须退出团队。对于圆满完成任务并获得优秀成绩的成员，给予相应奖励。这种奖励既可以是精神层面的，也可以是物质层面的。在概论课高质量教学团队的建设中，依据不同级别和等次的教学改革课题、教学竞赛奖和教学成果奖，设置不同的奖励标准。

四、完善的建设措施

建设措施是概论课高质量教学团队建设者针对建设中存在的问题而采取的办法体系，具体表现为达成建设目标所采取的具有全局性、根本性和可操作性的各种方法和步骤。[1] 在明确团队建设的行动方向、目标纲领之后，能否将之付诸实践和贯彻落实，是关系到团队建设成败的重要问题。完善的建设措施就是将这些理论成果转化为应用性成果的桥梁。首先，必须以加深团队成员对措施重要性的深刻认识为前提。通过教育、观摩等不同方式，向团队成员展示制定建设措施的重要意义，增强他们遵循建设措施的自觉性和主动性。其次，以建立健全民主决策机制为基础。这是充分了解团队成员对建设措施或建设措施体系认同度与承受度的最佳方法。少数精英成员的策划、构想、论证是构建建设措施或措施体系的重要前提，但团队成员是否真正接纳才是问题的关

[1] 傅志军主编：《构建提高教学质量长效机制的实践与探索》，西安电子科技大学出版社，2011，第46页。

键。只有全体团队成员参与到民主讨论与决策中来，才能掌握他们的真实意图和想法，从而确保各项措施的选择与实施得到认同和支持。最后，用动态的民主评议制度作为保障。是否能够严格执行建设措施，是确保团队建设能否实现预定目标的保证。为此，必须加强对建设措施运行状态进行跟踪、监督。动态的民主评议制度就是跟踪、监督运行态势的最佳途径。要求团队定期通过情况说明会、研讨会等形式，对建设措施的运行态势展开评议，在汲取评议意见的基础上不断加以改进。

五、切实可行的建设效果评估方案

由于多种不可预测原因的存在，建设方案与建设实际效果往往会存在一定差距。那么，如何评价建设效果就关系到教学团队建设的努力有没有白费。

第一，坚持评估标准多元化。一般来说，上级主管部门是建设效果的权威判定者。他们在评估过程中若存在重结果、轻过程，重个体业绩、轻整体业绩，重有形成果、轻现实价值的弊端，将严重影响教学团队的积极性。为此，必须改革建设效果评估主体“一元化”的情况，坚持评估主体和评估标准多元化。作为一门政治理论课，概论课的教学内容及其主题是关于政治思想和政治内容的理论系统，其“教学内容”不以主观意识为转移，不可根据人为想象随意选取或替代。[1] 因此，教学团队的建设评估标准也必然会受到一定影响。与其他教学团队的建设不同，概论课教学团队建设在教学内容、教学模式的选择上会有一定的特殊性，尤其是教学效果不能用就业、分数等硬性指标来衡量。因为这一课程

---

[1] 刘同舫：《高校思想政治理论课的功能及其实现》，《思想理论教育导刊》2021 年第 12 期。

对学生的影响是隐性的、更是长期的，是不可用硬性指标来衡量的。因此，对大学生“三观”确立的影响应该作为教学团队建设衡量的重要标准。也就是说，团队建设必须着眼于育人功能的切实发展和持续优化，自觉坚守建设理念，精心谋划建设方案、科学安排建设资源，扎实落实建设措施。❶

第二，必须扩大学生在评估主体群中所占的份额与比重。学生是评估教学团队建设效果的重要力量。因为他们是概论课高质量教学团队建设效果的最终受益者。把学生作为评估主体，可大大增强教学团队建设的针对性和实效性。与其他思想政治理论课不同，“毛泽东思想和中国特色社会主义理论体系概论”课主要帮助大学生了解我国社会主义现代化建设的理论和伟大实践。建立概论课程高质量教学团队，是为了更好地把“理论灌输”与“实践认识”结合起来，以帮助大学生自觉配合中国特色社会主义建设事业的伟大实践。为此，必须建立健全包括教师教学技能训练、实践教学基地、学术研究、教学改革与研究项目等在内的多种建设平台。这些平台在建设内容和具体目标上并不完全相同。有的注重教学，有的注重科研，有的注重解决教学和生活中遇到的难点热点问题，有的则注重理论问题的学术探究。同时，各课程教学团队的成员在年龄、职称、教学经验、学缘结构、整体素质等方面会有明显差别，这些差别是客观存在、不以人的意志为转移的，应该在教学团队建设的评估标准中得以体现。

❶ 傅志军主编：《构建提高教学质量长效机制的实践与探索》，西安电子科技大学出版社，2011，第49页。

第四节　概论课高质量教学团队建设的基本原则

教学团队建设的原则是教学团队建设中必须遵守的基本准则。概论课高质量教学团队建设作为一项系统工程，其本身涉及很多人员、内容及层面，因此，在团队的建设过程中要注意遵循一定的原则。具体而言，应主要遵循以下几个方面的原则：

一、教学、科研与理论宣讲相互促进的原则

概论课高质量教学团队应该是教学、科研与理论宣讲齐头并进的团队。为了取得良好的教学效果，概论课教师应把教学、科研和理论宣讲统一起来，把教学过程中和理论宣讲中遇到的问题拿来做研究，再把研究的结论运用到教学和理论宣讲中去，回答现实中一些令大学生困惑的问题，这样教师不仅可以较好地解决教学中和理论宣讲中令人困惑的问题，而且还能提高自己的科研、教学与理论宣讲能力，也能更好地了解学生的思想动向、社会的关注焦点，做到一切从实际出发，做到教学、科研与理论宣讲齐头并进。

二、团队建设规划与学校发展规划互相结合的原则

教学团队建设与学校发展关系密切。概论课教学团队承担着学校一部分概论课程的教学任务。教学效果的好坏直接关系到学校“立德树人”重任的实现。因此，概论课教学团队建设属于学校发展规划的重要组成部分，并受学校发展方向和目标的制约。

反过来说，学校的发展目标是教学团队建设的重要指南。为此，概论课教学团队建设必须紧紧围绕学校发展战略和长远规划进行部署。只有适应学校发展的战略格局，概论课高质量建设团队才能得到进一步发展。相反，脱离了学校发展目标规划的指引，教学团队建设也会失去方向，最终丧失必要的扶持和基本的保障。

三、教学团队建设与“四个服务”互相结合的原则

“四个服务”是习近平总书记在 2016 年 12 月全国高校思想政治工作会议上提出的“为人民服务，为中国共产党治国理政服务，为巩固和发展中国特色社会主义制度服务，为改革开放和社会主义现代化建设服务”的简称。这是习近平总书记对中国特色社会主义高等教育与其他国家高等教育本质区别的高度概括，是高校思想政治工作必须遵循的基本原则。概论课高质量教学团队建设也必须遵循这一原则。具体说来，一是概论课教学团队建设必须始终坚持人民至上的价值取向。团队建设必须始终坚持以学生为中心，按照“因事而化、因时而进、因势而新”的精神，探索能提升学生获得感的概论课教育教学方法，满足学生的发展需求，努力使他们真学、真信、真懂、真用。二是概论课教学团队建设必须始终自觉做到“两个维护”和牢固树立“四个意识”。这是坚持“为中国共产党治国理政服务”的重要体现。也就是说，概论课教学团队建设要紧紧围绕“成为传播党的声音和理论的牢固阵地”这一目标而进行，不断发挥概论课教学团队的舆论宣传作用。教学团队成员必须坚持正确的政治原则、政治立场、政治方向，切实发挥好模范带头作用。必须聚焦党和国家关注的重大现实问题展开科学研究，在教学中始终坚持马克思主义的立场、观点和方法，牢牢把握正确方向，将概论课堂建设成为服务党的治国理

政的重要平台。三是概论课教学团队建设必须始终坚持社会主义方向。即在团队建设中，必须做好中国特色社会主义的宣讲传播工作，把道理讲清、讲透、讲深，进一步增强大学生的“四个自信”。四是概论课教学团队建设必须聚焦人才培养的核心任务。要把“立德树人”工作贯彻到团队建设的全过程，要强化自身的理论素养，丰富思想政治教育的工作手段，要成为高校思想政治工作的“吹鼓手”，始终高举旗帜跟党走。

四、团队建设与成员的个人发展互相结合的原则

个体与团队之间存在着相辅相成的关系。任何一个团队，都是由一定数量的个体组成。团队的建设与个体的发展紧密关联。每位成员的个体发展是建设该教学团队的内在动力，只有当成员将个人发展目标与团队发展的共同目标融为一体，才能真正确保团队不断发展。[1] 如果团队成员不能与团队共同成长，团队就会逐渐失去凝聚力和内聚力。一个高水平的教学团队可以促进成员个体的专业发展。通过成员间教学经历的共享与交流，能够帮助各个成员最大限度地获得从单个教师教学经验中无法获得的教育智慧。[2]

---

[1] 崔华勇、赵启君：《高校教学团队建设的思路、原则和构成要求》，《长春理工大学学报》2012 年第 8 期。

[2] 张强等：《高校教学团队建设的博弈分析——基于高等教育“质量工程”的研究》，经济科学出版社，2011，第 33 页。

CHAPTER 02 >>

第二章

构建高质量概论课教学团队的背景与基础

概论课是高校思想政治理论课程的核心内容之一，更是学分最多、理论性最强的课程，其教学质量的好坏关系到青年大学生价值观、人生观和世界观的确立，关系到马克思主义真理“三进”效果，更关系到大学生树立“四个自信”的坚定性和自觉性。和其他思政课程一样，提高教学质量的关键在于教师。“提高高等学校思想政治理论课教学质量和水平，关键在教师”。[1] 在概论课教学面临越来越多挑战、越来越高要求的今天，建设高绩效的教学团队不仅可以推进教师队伍的建设，而且是促进学校马克思主义理论学科发展的核心竞争力。

---

[1] 《〈中共中央宣传部 教育部关于进一步加强和改进高等学校思想政治理论课的意见〉实施方案》，2005-03-02，http://www.moe.gov.cn/srcsite/A13/moe_772/200503/t20050302_80414.html。

第一节　概论课高质量教学团队构建的时代背景

正确认识概论课高质量教学团队建设需要立足纵向的历史视角，既要在时代发展中把握其生成背景，也要看到其在新时代培养新人、理论宣讲中的关键作用。概论课教学团队作为宣传、教授、普及马克思主义真理力量的领头羊，其建设的提出绝不是空穴来风，更不是空中楼阁，它的提出不仅有着深厚的理论基础，也有着深刻的现实背景。

一、国际背景：百年未有之大变局

《中共中央关于制定国民经济和社会发展第十四个五年规划和二〇三五年远景目标的建议》中指出："当今世界正经历百年未有之大变局，新一轮科技革命和产业革命深入发展，国际力量对比深刻调整，和平与发展仍然是时代主题，人类命运共同体理念深入人心，同时国际环境日趋复杂，不稳定性不确定性明显增加，新冠肺炎疫情影响广泛深远，经济全球化遭遇逆流，世界进入动荡变革期，单边主义、保护主义、霸权主义对世界和平与发展构成威胁。"[1] 世界正处于百年未有之大变局，是以习近平同志为核心的党中央对当今世界形势认识作出的科学判断。自 2017 年年底在接见我国驻外使节时作出"放眼世界，我们面对的是百年未有

---

[1] 《中共中央关于制定国民经济和社会发展第十四个五年规划和二〇三五年远景目标的建议》，《人民日报》2020 年 11 月 4 日第 1 版。

之大变局”❶ 的深刻判断后，习近平总书记又在多个场合重申“百年未有之大变局”这一重要论述。世界所经历的“百年未有之大变局”，“既是大发展的时代，也是大变革的时代”。❷ 这一时代，带来的是世界范围内日益频繁的思想文化交流交融交锋和社会思想意识的更加多元多样多变，这不仅对国家意识形态建设带来严峻挑战，也给高校思想政治理论课提出了新的挑战和新要求。概论课教学也面临着同样的问题。因此，百年未有之大变局也成为“概论”高质量课程教学团队建设的主要国际背景。广大概论课教师必须以更高的站位、更实的举措，在“百年未有之大变局”中寻找“展现21世纪马克思主义真理力量”的突破口，以应对这一大变局给概论课教学以及马克思主义真理力量的宣传宣讲带来的全新挑战。

1. 百年未有之大变局的基本内涵

“百年未有之大变局”，是以习近平同志为核心的党中央基于对世界大势的敏锐洞察、深刻分析的基础上，对当今世界形势作出的一个重大战略判断。正确认识和把握这一大变局的深刻内涵，有助于坚定概论课教学中的政治站位，厘清党和国家面对的时代机遇。“新世纪以来一大批新兴市场国家和发展中国家快速发展，世界多样化加速发展，国际格局日趋均衡，国际潮流大势不可逆转”。❸ 总书记的这一讲话道出了“百年未有之大变局”的总体态势。即国际力量对比发生革命性变化，西方力量优势

---

❶ 《习近平谈治国理政》（第3卷），外文出版社，2020，第421页。

❷ 习近平：《出席世界经济论坛“达沃斯议程”对话并发表特别致辞》，《人民日报》2021年1月26日第1版。

❸ 《习近平接见二〇一七年度驻外使节工作会议与会使节并发表重要讲话》，《人民日报》2017年12月29日第1版。

受到非西方群体性崛起的系统冲击。全球权力从西方向非西方的转移进程日益加速，国际格局出现了力量分化和局部重组。[1]具体来看，“百年未有之大局”主要包括如下几个方面的内涵：

第一，从世界发展的推动力量来看，新一轮科技革命和产业革命正成为重塑世界的主要力量。

马克思主义认为，科技是第一生产力。科学技术的发展和进步是人类文明不断演进和世界不断前行的动力。也就是说，技术突飞猛进既是百年变局的基本内容也是导致百年变局的基本推动力量。回顾人类社会、特别是世界近代以来发展的历史进程，我们可以发现，科技进步和产业革命转换是推进世界发展面貌和基本格局变化的决定性因素。进入 21 世纪以来，全球科技创新进入空前密集活跃的时期，新一轮科技革命和产业变革正在重构全球创新版图、重塑全球经济结构。[2]

当今世界，新一轮科技革命突飞猛进，物质科学、生命科学、地球和宇宙科学等领域的重大原创性突破，信息、生物、制造、新材料、新能源等技术领域颠覆性技术的不断涌现，人工智能、互联网、大数据等新兴技术与传统技术的结合，不仅带动了新一轮的产业变革和产业更新换代的加快，而且推动了生产方式、社会结构和生活方式的深刻变化，更加凸显了其在塑造世界政治经济格局、改变国家力量对比方面的决定性作用。我们需要注意的是，技术的飞速发展所带来的连锁反应。一般而言，技术进步会带来劳动生产率的相对快速提高。但是，现在却朝相反趋势发展。无论是在美欧日等发达经济体还是在主要新兴市场国家，21 世纪

---

[1] 王玮：《应对“百年未有之大变局”的机遇与挑战》，2019 - 12 - 17，http://www.cssn.cn/zx/bwyc/201912/t20191217_5060169.shtml。

[2] 张宇燕：《理解百年未有之大变局》，《国际经济评论》2019 年第 5 期。

都出现了所谓“生产率之谜”，即劳动生产率增速一直在下滑，这与庞大的研发投入形成鲜明对照。于是，数字化、工人智能等新技术在摧毁大量服务岗位的同时并没有创造出足够的新岗位。正因为如此，学术界才会达成这样一种共识——技术进步是导致各国内部收入差距加大或工薪阶层收入增长停滞的重要原因。我们如何看待这一问题？如何引导学生正确理解技术进步带来的这种矛盾？这是高校思想政治理论课教师需要解答的问题之一。与此同时，还必须关注到，技术发展带来的某些问题在挑战着人类的伦理底线。比如，智能战士会不会成为杀人凶手？基因编辑技术应用于农业、食品领域的同时会不会应用于人类？人工智能的应用会不会产生对社会与人类的伤害问题？这些问题已经受到社会各界的关注。正如清华大学人工智能国际治理研究院院长薛澜所说：“新技术往往会给现有社会伦理规范带来冲击，人工智能技术也不是例外，这是人类社会在进步过程中始终面临的问题。”❶

第二，从大国实力对比来变化来看，国际力量发生深刻调整，“东升西降”成为主要发展趋势。

“二战”以来，以美国为首的西方国家不仅占据全球经济主要份额，而且在科技、军事力量方面也占据明显优势。自 20 世纪 80 年代末 90 年代初两极格局的终结开始，主要国家间的力量对比发生了重要变化，使得这种不均衡对比开始发生变化。美国作为世界唯一的超级大国，在经济、科技、军事力量上虽然仍占优势，但随着新兴经济体和广大发展中国家的崛起，以美国为首的西方力量开始受到冲击。这些冲击主要表现为几个方面：首先是以美国为代表的西方国家的全球经济影响的下降。有学者研究得出，

---

❶ 《学者谈人工智能伦理治理：要将伦理融入 AI 全生命周期》，2022 - 06 - 04，https://baijiahao.baidu.com/s?id=1734702606105021894&wfr=spider&for=pc。

21世纪初，西方七国集团占全球经济份额曾高达三分之二，目前则只占三成。以“购买力平价法”计算，金砖国家的经济总量早在2015年就已相当于七国集团经济总量。[1] 而其中，中国的GDP增长迅速，2005年GDP总量还不到日本的1/2，2014年就已经增长为日本的两倍，2021年增长为日本的3.6倍。[2] 中国与美国的GDP差距越来越小。其次，非西方国家经过不懈的追赶，开始实现群体性崛起，逐渐打破了西方国家在器物、制度和观念等方面的优势，西方主导话语市场的情势也被打破，非西方话语体系地位正逐渐提升。

第三，以美国为首的西方国家对中国的围剿正在全速、全面、全方位推进。

世界正处于“百年未有之大变局”，中国面临的机遇和挑战都是前所未有，党的意识形态工作面临比以往任何时候都更为严峻的形势。以美国为首的西方国家一直企图利用我国改革开放的机会、误导我国倒向资本主义并走上资本主义道路。因此，当企图西化、分化我国的图谋破产后，这些西方国家并不死心，开始对中国实行全速、全面、全方位的围剿。主要表现为：一是加大了对中国进行意识形态及和平演变的力度和强度；二是从政治、经济、文化、军事、外交等领域对中国实行围攻甚至围剿。高科技、人权、中国台湾、留学生、民族、地缘政治等问题都成为西方国家对付和攻击中国的武器。美国对中芯国际、长江存储、长鑫存储等企业相继实施制裁措施，美国、日本、英国等国加强对中国

---

[1] 王玮：《应对“百年未有之大变局”的机遇与挑战》，2019-12-17，http://www.cssn.cn/zx/bwyc/201912/t20191217_5060169.shtml。

[2] 《2021年，日本GDP总量4.9万亿美元！美国是日本的4.7倍，中国呢》，2022-02-15，https://baijiahao.baidu.com/s?id=1724837392161126047&wfr=spider&for=pc。

留学生学习科目的安全审查等都是明证。当然，西方国家并没有放弃所谓的人权问题这一重要武器，仍然利用新疆和香港问题对中国进行无端指责，甚至造谣生事。更为惊心的是，美国等西方国家在中国的周边国家掀起了一场又一场的风暴，其最终目的是企图搞乱中国和俄罗斯，更是要掀翻和摧毁中国这艘巨轮。

可以说，百年未有之大变局“对广大新兴市场国家和发展中国家而言，这个世界既充满机遇，也存在着挑战”。[1] 对于中国来说百年未有之大变局的有利趋势正在形成，但也有各种不容忽视的风险和考验。在这种大环境下，高校思想政治理论课面临着更大的挑战。概论课教师如何在教学中坚定学生的四个自信？如何讲解中国共产党面临的复杂国际形势？如何让学生理解我们面临的外部挑战和压力？如何让学生认识西方国家围剿中国的新策略？中国共产党在维护世界和平、促进共同发展中如何发挥自己的作为？这些问题都是学生关注的热点问题。只有围绕这些问题开展理论阐释，才能真正筑牢学生认识人类社会发展、认识世界和全球发展、认识国家和民族发展的基础，才能把大学生培养成具有理想信念、家国情怀、历史担当和广阔视野的高素质人才，才能把学生培养成德智体美劳全面发展的社会主义建设者和接班人。

二、国内背景：中国发展大势的深刻变化

习近平总书记在十九大报告中指出：经过长期努力，中国特色社会主义进入了新时代，这是我国发展新的历史方位。[2] 这一判断，是建立在理论和现实、国内和国际相结合的认识高度之上的，表明我国的发展进入一个新的发展阶段。之后，以习近平同志为

---

[1] 《习近平谈治国理政》第3卷，外文出版社，2020，第444页。

[2] 本书编写组：《党的十九大报告辅导读本》，人民出版社，2017，第10页。

核心的党中央多次发表讲话，对我国发展的历史方位不断深化认识。总体来看，进入新时代、把握新发展阶段、坚持新发展理念、踏上新征程是十八大以来我国发展的基本态势。

1. 我国进入新发展阶段的历史大跨越时期

《中共中央关于制定国民经济和社会发展第十四个五年规划和二〇三五年远景目标的建议》指出：“‘十四五’时期是我国全面建成小康社会、实现第一个百年奋斗目标之后，乘势而上开启全面建设社会主义现代化国家新征程、向第二个百年奋斗目标进军的第一个五年。”“我国已转向高质量发展阶段，制度优势显著，治理效能提升，经济长期向好，物质基本雄厚，人力资源丰富，市场空间广阔，发展韧性强劲，社会大局稳定，继续发展具有多方面优势和条件。”❶ 之后，习近平总书记在省部级主要领导干部专题研讨班开班式上的重要讲话中再次对我国进入新发展阶段的主要依据和目标要求作了科学分析。自 2021 年起，我国开始进入新发展阶段。这是在全面建成小康社会、实现第一个百年奋斗目标之后，全面建设社会主义现代化国家、向第二个百年奋斗目标进军的发展阶段。❷

第一，新发展阶段是以习近平同志为核心的党中央审时度势、顺应时势作出的重大战略判断，具有重要的意义。一是标定了我国发展的历史方位和时代坐标，意味着中华民族进入了“强起来”的伟大时代。二是展示了中国特色社会主义道路、理论、制度、文化的不断发展，昭示着科学社会主义在 21 世纪的中国焕发出前所未有的生机活力，开辟了马克思主义中国化的新境界，为坚定

❶ 《中共中央关于制定国民经济和社会发展第十四个五年规划和二〇三五年远景目标的建议》，《人民日报》2020 年 11 月 4 日第 1 版。

❷ 何毅亭：《谈谈我国新发展阶段》，《全球商业经典》2021 年第 1 期。

"四个自信"提供了更坚实的理论支撑。三是明晰了新发展阶段的特征，为新的历史条件下确定奋斗目标、擘画发展战略、制定大政方针、部署重大工作提供根本依据，为全面建设社会主义现代化国家新征程提供了根本遵循。四是彰显了我们所推进的现代化既有各国现代化的共同特征，更有基于国情的中国特色，充分证明现代化模式、道路、标准的多样性，丰富和拓展了发展中国家走向现代化的途径，为解决人类问题贡献了中国智慧、提供了中国方案。

第二，新发展阶段是"统筹中华民族伟大复兴战略全局和世界百年未有之大变局"交汇的阶段。该建议强调指出："当前和今后一个时期，我国发展仍处于重要战略机遇期，但机遇和挑战都有新的发展变化"。这一新的发展变化，主要表现在新发展阶段是处于"两个大局"的交汇点上。因此，我们必须以"统筹中华民族伟大复兴战略全局和世界百年未有之大变局"为切入点，才能深刻把握新发展阶段的内涵特征。首先，新发展阶段从属于社会主义初级阶段这个"大时代"，但又不等同于"小时代"。习近平总书记指出："今天我们所处的新发展阶段，是社会主义初级阶段中的一个阶段，同时是其中经过几十年积累、站到了新的起点上的一个阶段。"❶ 作为我国进入社会主义所必然要经历的特殊阶段，社会主义初级阶段是从 1956 年开始，到 21 世纪中叶为止，大概需要 100 年左右。但是，社会主义初级阶段的不同时期会呈现不同的阶段性特征和发展要求。自党的十一届三中全会以来，由于社会经济发展的情况不同，我国分别经历了若干个不同的"小时代"。新发展阶段是社会主义初级阶段中若干个"小时代"之一。其次，

---

❶ 《深入学习坚决贯彻党的十九届五中全会精神 确保全面建设社会主义现代化国家开好局》，《人民日报》2021 年 1 月 12 日第 1 版。

新发展阶段呈现新内涵。作为社会主义初级阶段的一个小时代，相比于中国特色社会主义新时代而言，这是从全面建成小康社会向全面建成社会主义现代化强国“升级转段”的发展阶段。[1]

第三，新发展阶段具有坚实的基础。习近平总书记强调：“进入新发展阶段，是中华民族伟大复兴历史进程的大跨越。”[2] 为实现中华民族伟大复兴，中国共产党成立百年来，团结带领人民为此进行了不懈的奋斗。我们党的百年奋斗史，就是团结带领中国人民把我国建设成为社会主义现代化强国，实现中华民族伟大复兴的历史。经过百年的努力，我们创造的经济快速发展奇迹、社会长期稳定奇迹、抗击疫情奇迹、全面实现脱贫奇迹“四大奇迹”，[3] 为开启新征程、实现新的更高目标奠定了坚实的基础。

2. 进入全面贯彻新发展理念的阶段

新发展理念是十八大以来以习近平同志为核心的党中央提出的系统理论体系，是引领我国发展发生历史性变革的指挥棒和红绿灯。为此，“全党必须完整、准确、全面贯彻新发展理念，确保‘十四五’时期我国发展开好局、起好步”。[4] 新发展理念是“十四五”时期我国经济社会发展必须遵循的原则，要真正“把新发展理念贯穿发展全过程和各领域”，并助力“十四五”发展，必须注意如下几个问题：

首先，要深刻认识新发展理念的重要意义。第一，新发展理念是破解我国发展过程中存在不平衡、不全面、不可持续难题的

---

[1] 何毅亭：《谈谈我国新发展阶段》，《全球商业经典》2021 年第 1 期。

[2] 习近平：《论中国共产党历史》，中央文献出版社，2021，第 302 页。

[3] 《新发展阶段新在哪里？陈一新从八个方面进行阐释》，2021 - 01 - 15，https://baijiahao.baidu.com/s?id = 1688926277224044398&wfr = spider&for = pc。

[4] 《完整准确全面贯彻新发展理念 确保“十四五”时期我国发展开好局起好步》，《人民日报》2021 年 1 月 30 日第 1 版。

重要举措。当前，在我国经济发展取得举世瞩目成就、中华民族伟大复兴向前迈出新的一大步的同时，依然存在一些亟待解决的突出问题，如：发展的不平衡不充分，发展质量和效益还不高，创新能力还不强，实体经济水平有待提高，生态环境保护任重道远；民生领域还有不少短板，城乡区域发展和收入分配差距依然较大，等等。❶ 新发展理念就是针对这些问题提出的。新发展理念集中体现了我国发展思路、发展方向、发展着力点，具有很强的战略性、纲领性、引领性。❷ 第二，新发展理念是有效推进我国工业化深入的重要指南。实现社会主义工业化是无产阶级政党执政后面临的共同任务，也是实现中华民族伟大复兴的重要路径。经过几代共产党人的不懈努力，我国已经进入工业化中期发展阶段，正朝着工业化纵深发展、产业结构向高级化阶段演进。❸ 为破解“人口红利”消失、“中级劳动力”供不应求、“民工荒”、社会矛盾尖锐、社会冲突多发等难题及满足人民群众对环境质量的新要求，党中央提出了“创新、协调、绿色、开放、共享”的新发展理念。坚定不移贯彻新发展理念，已成为自上而下的共识。

其次，必须坚持发展是第一要务、人才是第一资源、创新是第一动力的原则。落实新发展理念，推动高质量发展，必须坚持发展是第一要务、人才是第一资源、创新是第一动力，率先推动质量变革、效率变革、动力变革，努力实现更高质量、更有效率、更加公平、更可持续、更为安全的发展。必须深化改革，建立健

---

❶ 中共中央宣传部：《习近平新时代中国特色社会主义思想三十讲》，学习出版社，2018，第 106 页。

❷ 中共中央宣传部：《习近平新时代中国特色社会主义思想三十讲》，学习出版社，2018，第 106－107 页。

❸ 何毅亭：《谈谈我国新发展阶段》，《全球商业经典》2021 年第 1 期。

全全面贯彻新发展的体制机制。习近平总书记强调，既要以新发展理念指导引领全面深化改革，又要通过深化改革为完整、准确、全面贯彻新发展理念提供体制机制保障。新发展理念与深化改革是分不开的，可以说是新发展理念指导引领全面深化改革，全面深化改革又为新发展理念的顺利贯彻执行提供保障。同时完整、准确、全面贯彻新发展理念，也要顺应形势，根据实际情况对改革重点作出适当的调整。❶

最后，必须重点把握贯彻新发展理念的新要求。新发展理念是相互贯通、具有内在联系的整体，提出的要求是全方位、多层面的。我们要坚持系统观念，遵循经济社会发展规律，把新发展理念贯穿发展全过程和各领域，必须重点把握贯彻新发展理念的新要求。以“四个面向”为指南推动创新发展，以乡村振兴为重点推进协调发展，继续坚持“两山论”的绿色发展理念，坚持实施更大范围、更宽领域、更深层次的开放发展战略，努力推动共享发展。

3. 进入加快构建新发展格局的时期

习近平同志指出：“加快形成以国内大循环为主体、国内国际双循环相互促进的新发展格局，是根据我国发展阶段、环境、条件变化作出的战略决策，是事关全局的系统性深层次变革。”❷ 其主要目的是提升我国经济发展水平、塑造国际经济合作和竞争新优势，为我国经济现代化指明了发展方向。构建新发展格局，绝不是封闭的国内循环，而是“通过发挥内需潜力，使国内市场和

---

❶ 《新发展理念助力“十四五”发展腾飞》，2021－03－16，https://www.163.com/dy/article/G57KMDGQ0514DBE9.html。

❷ 《推动更深层次改革实行更高水平开放 为构建新发展格局提供强大动力》，《人民日报》2020年9月2日第1版。

国际市场更好联通，更好利用国际国内两个市场、两种资源，实现更加强劲可持续的发展”。[1] 因此，我们不仅仅要扩大内需，更是要坚持转变发展方式，调整经济结构，培育经济增长新动能。

构建新发展格局有着重要的意义，首先，是应对“世界百年未有之大变局”下复杂国际环境的客观要求。在百年未有之大变局背景下，一方面，一大批新兴市场国家和发展中国家快速发展，世界多极化加速发展，国际格局日趋均衡。另一方面，逆全球化浪潮抬头趋势渐显，孤立主义、保护主义逐渐兴起，再加上新冠肺炎疫情在全球蔓延的影响，全球产业链受到冲击，世界整体经济复苏放缓，国际市场在我国经济发展中的作用受到制约，因此，“我们必须充分发挥国内超大规模市场优势，通过繁荣国内经济、畅通国内大循环为我国经济发展增添动力，带动世界经济复苏。”[2] 其次，是推动我国经济高质量发展的迫切要求。我国经济进入高质量发展阶段，社会主要矛盾发生转化，发展的不平衡不充分制约着人民美好生活的实现。与之相适应，新发展格局强调扭住扩大内需这个战略基点。最后，是对十八大以来改革成果的总结和深化。构建新发展格局，绝不是空穴来风，更不是空中楼阁，而是建立在我国制度优势之上的。正如习近平同志所说：构建新发展格局，我们是有显著制度优势和坚实改革基础的。[3] 党的十八大以来，我们围绕落实新发展理念、推动高质量发展、扩大对外开放推出一系列重大改革举措，形成了一系列理论成果、制度成果、实践成果。要运用好这些改革成果，在抓落地见实效上加大力度、

---

[1] 习近平：《在企业家座谈会上的讲话》，《人民日报》2020 年 7 月 22 日第 2 版。
[2] 习近平：《在企业家座谈会上的讲话》，《人民日报》2020 年 7 月 22 日第 2 版。
[3] 《推动更深层次改革实行更高水平开放 为构建新发展格局提供强大动力》，《人民日报》2020 年 9 月 2 日第 2 版。

加快进度、拓展深度，使各项改革朝着推动形成新发展格局聚焦发力。[1]

第二节　概论课高质量教学团队建设的课程建设基础

课程建设是构建高质量教学团队的关键。高质量教育团队的建设以提高教师教学能力和科研能力为最终目的，而“教师的能力是决定课程改革成败的关键因素”。[2] 所以，准确把握课程建设背景，是构建高质量教学团队的逻辑起点。新时代以来，我国高等教育发展备受关注，高校教育改革、思想政治理论课建设成为党和国家的一项重要工作。在党中央的领导下，这些工作取得了巨大成就，为高质量教师团队的建设提供了良好条件。

一、高校教育改革如火如荼

从 1980 年设置学士、硕士、博士三级学位开始，高等教育改革就呼之欲出。1985 年，《中共中央关于教育制度改革的决定》正式吹响了高等教育改革的号角。随后，高校扩招、“共建、调整、合作、合并”管理体制的出台、“211”工程、“985”工程的实施成为推进高等教育改革的重要利器。伴随高校的扩招，质量提升问题应运而生。新世纪以来，围绕提升高校教学质量这一核心问

[1] 《推动更深层次改革实行更高水平开放 为构建新发展格局提供强大动力》，《人民日报》2020 年 9 月 2 日第 2 版。

[2] 张艳辉：《课程与教学视野中的大学教师研究》，中国社会科学出版社，2008，第 66 页。

题，教育部启动了本科教学提质工程。我国高等教育实现了质的飞跃。

2012 年以来，满足人民对美好生活的向往成为新一代领导集体的奋斗目标。习近平总书记的 10 个“更”是人民对美好生活期盼的最好诠释，而位居榜首的就是“更好的教育”。为了回应人民的关切和期待，以习近平同志为核心的党中央颁布、出台了一系列标志性、引领性的改革举措，[1] 高等教育改革进入快车道。

1. 考试招生制度更能体现选才模式

长期以来，我们都实行“一考定终身”“唯分数论”的考试招生制度。虽然我国曾对这一考试招生制度进行过多次改革，但问题依然没有彻底解决，老百姓意见很大。为了更进一步促进教育公平，2014 年起，中央相继出台和实施了一系列标志性、引领性改革举措。首先，《国务院关于深化考试招生制度改革的实施意见》的发布，为新一轮改革号角的吹响提供了基本遵循。其次，从 2014 年起，包括上海、浙江、北京、天津、山东、海南、河北、辽宁、江苏、福建、湖北、湖南、广东等在内的省市相继启动高考改革，学生选考、高校选科和国家选才的模式基本形成。[2] 最后，实施鼓励性加分与补偿性加分相结合的高考加分政策。为了实现高等教育入学机会的阶层公平，维护弱势阶层的利益，两大举措共同推进，一是加分政策大力“瘦身”，二是实施补偿性加分。2020 年开始实行“强基计划”，高校自主招生成为历史。同时，为了保证高考大省和中西部地区的学生享受优质教育资源的

---

[1] 《扎根中国大地 奋进强国征程——新中国 70 年高等教育改革发展历程》，《中国教育报》2019 年 9 月 22 日第 1 版。

[2] 《扎根中国大地 奋进强国征程——新中国 70 年高等教育改革发展历程》，《中国教育报》2019 年 9 月 22 日第 1 版。

比例，教育部不仅规定了高校所在地招生比例的上限，而且实施了各种招生“协作计划”，逐渐实现了高等教育优质资源的相对均衡。

2. 高校办学更突出中国特色

高考改革受到关注的同时，如何办好社会主义的大学也是中央一直思考的重要问题。“要坚持扎根中国大地办教育”便成为办好中国特色社会主义教育的基本遵循。也就是说，中国的教育必须从中国的具体国情出发，既扎根中国，又融通中外，既要立足时代，又要面向未来。习近平总书记在全国教育大会上“坚持扎根中国大地办教育”的指示是对我国高等教育改革经验的总结。在高等教育改革的过程中，我国曾经掀起过推崇欧美模式的浪潮。但随着对教育规律认识的深化，我国高校把自身的发展与时代的要求、地方的需求有机结合起来，学科发展既突出地方优势，又体现行业特色。高校的自身发展与地域发展的融合度、学科发展与地域的关联度日益紧密，不仅满足了“双一流”建设的战略需要，也符合学科建设为经济社会发展服务的现实要求。

3. “双一流”建设全面落实

中国高等教育的跨越式发展，一方面，一定程度上提高了高等教育的毛入学率，我国高等教育进入大众化阶段。另一方面，这种规模扩张为主的发展，使得高校走向了综合大学化的极端，专业的设置趋同化、流行化，高校的学科专业基本雷同，即“存在身份固化、竞争缺失、重复交叉等问题，迫切需要加强资源整合，创新实施方式”。[1] 引导高校走内涵式发展和特色发展道路，

---

[1] 《国务院关于印发统筹推进世界一流大学和一流学科建设总体方案的通知》，2015-10-24，http://www.moe.gov.cn/jyb_xxgk/moe_1777/moe_1778/201511/t20151105_217823.html。

推进“双一流”建设，成为当前教育领域改革的主攻方向。2015年，国务院下发《统筹推进世界一流大学和一流学科建设总体方案》。该方案对推进“双一流”建设的总体要求、建设任务、改革任务、支持措施、组织实施等作出明确部署，成为“双一流”建设和高等教育强国建设的纲领性文献。此后，重塑高校的工作逐步铺开，兰州大学停办教育学院成为“双一流”建设中高校重新定位塑型的起点。随后，包含清华、北大在内的175所高校共调减停办576个硕士点、博士点。❶ 与此同时，其他高校也开始响应号召，相继行动，调减、收缩办学方向，实施大类培养，一些学科单一但特色明显的高校抓住机会，实现了逆袭。在国家双一流政策的引导下，各省市也出台配套计划，加大资金投入，此项工作进一步得以推动。尤其是2017年年底，北大、清华等多所重点高校一流大学建设方案的公布，标志着“双一流”建设已经进入全面落实阶段。❷

二、思想政治理论课教学备受关注

习近平总书记强调：我国教育要培养的是社会主义建设者和接班人，而不是旁观者，更不是反对派和掘墓人。❸ 因此，高校教育必须理直气壮地讲政治。作为大学生价值观、人生观、世界观培育重要阵地的思想政治理论课，不仅是我国高等教育社会主义性质的根本体现，更是事关“培养什么人、怎样培养人、为谁培养人”这一根本性问题。十八大以来，思想政治理论课教学备受

❶ 陈志文：《双一流：对高校过度综合化的重塑》，《中国青年报》2017年9月25日第9版。

❷ 赵秀红：《“双一流”建设已进入全面落实阶段》，《中国教育报》2018年1月1日第1版。

❸ 《习近平总书记教育重要论述讲义》，高等教育出版社，2020，第92页。

党和国家的重视，主要表现为如下几个方面：

1. 突出强调了开设思想政治理论课的重要意义

为了培养时代新人，在继承党高度重视大学生思想政治理论课教学优良传统的基础上，党中央从祖国的未来、民族的希望和中华民族伟大复兴的战略高度，进一步阐述了思想政治理论课的重要意义，正如习近平总书记所指出的："在大中小学循序渐进、螺旋上升地开设思想政治理论课非常必要，是培养一代又一代社会主义建设者和接班人的重要保障"，"思想政治理论课是落实立德树人根本任务的关键课程，……我们办中国特色社会主义教育，就是要理直气壮开好思政课，用新时代中国特色社会主义思想铸魂育人，……思政课作用不可替代，思政课教师队伍责任重大。"[1]这两段论述为高校概论课高质量教学团队的构建提供了重要的机遇。

2. 出台了一系列推进思想政治理论课建设的规定、条例

正是在中央高度重视思政课教学的大背景下，党中央、教育部下达了一系列推进思想政治理论课建设的规定、条例。

2015 年 3 月，教育部印发《高等学校思想政治理论课建设标准》的通知，设置了组织管理、教学管理、队伍管理、学科建设、特色项目 5 个一级指标，下设 22 个二级指标，39 个三级指标。其中，三级指标中包括 7 项核心指标，9 项重点指标，23 项基本指标。不同院校评价标准有一定差异，对于本科院校来说，合格的基本要求是核心指标 7 项、重点指标 8 项以上、基本指标 20 项以上达标；而对于专科院校来说，5 项核心指标、7 项以上重点指标和 19 项以上基本指标达标即为合格。这一通知为高校思想政治理

[1] 《习近平谈治国理政》（第 3 卷），外文出版社，2020，第 329 页。

论课建设提供了宏观指南，对高校思想政治理论课程的组织管理、教学管理、队伍管理和学科建设等进行了规范。

3. 举行了多次专门研讨高校思想政治理论课教学的会议

为了办好新时代的高校思想政治理论课，党中央主持召开了一系列专门研讨高校思想政治理论课教学的会议。一是全国高校思想政治工作会议。这次会议于2016年12月7日至8日在北京召开。习近平总书记在这次大会上做了重要讲话。会议对高校思想政治工作的根本性问题、中心环节、主要思路进行了系统阐述，并明确要求“其他各门课都要守好一段渠，种好责任田”，各类课程要与思想政治理论课同向同行。全国高校思想政治工作会议，“体现了以习近平同志为核心的党中央对高校思想政治工作的高度重视，为做好高校思想政治工作指明了前进方向”。[1] 二是全国教育大会。这次大会总结了党的十八大以来我国教育事业取得的重要成就，概括了教育改革实践中形成的一系列新理念新思想新观点，要求把培养什么人作为教育的根本问题，要求从六个方面下功夫培养堪当民族复兴重任的时代新人。特别重要的是，这次会议强调：加强党对教育工作的全面领导，是办好教育的根本保证。[2] 这次会议为加快推进教育现代化、建设教育强国、办好人民满意的教育指明了前进方向、提供了根本遵循。[3] 三是高校思想政

[1] 《中共教育部党组关于学习贯彻落实全国高校思想政治工作会议精神的通知》，2016-12-13，http://www.moe.gov.cn/srcsite/A13/moe_772/201612/t20161223_292849.html。

[2] 习近平：《坚持中国特色社会主义教育发展道路 培养德智体美劳全面发展的社会主义建设者和接班人》，《人民日报》2018年9月11日第1版。

[3] 《奋发有为踏上教育现代化新征程 教育部召开党组扩大会暨理论学习中心组学习扩大会深入学习贯彻全国教育大会精神》，《中国教育报》2018年9月14日第1版。

治理论课教师座谈会。2019 年 3 月 18 日，学校思想政治理论课教师座谈会在北京举行。这次教师座谈会由习近平总书记主持召开。他倾听了 8 位大中小学思政课教师代表的发言，并发表了重要讲话。这次讲话涉及了办好思想政治理论课的重要意义、办好思政课的几个关键问题等内容，尤其是提出了思想政治理论课教师必须具备的六个要素和推进思政课改革创新的八个“相统一”要求，进一步推动了想政治理论课建设的大步前进。

4. 引导高校思政课教师队伍建设朝着高质量方向前进

在已有建设成果的基础上，中共中央对高校思想政治理论课教师队伍建设进一步加强了宏观指导，2012 年教育部社科司颁发的《高等学校思想政治理论课建设标准（暂行)》条例，把师资队伍建设作为一个重要指标考察。这是新时代思政课队伍建设的一个纲领性文件，对思政课教师队伍建设和思政课的发展都具有积极的促进作用。❶ 2017 年，《关于加强和改进新形势下高校思想政治工作的意见》和《高校思想政治工作质量提升工程实施纲要》分别由国务院和教育部印发。这两个文件都对构建新的育人体系提出了明确要求，并对高校思想政治理论课教师队伍建设提出了新的要求。一是明确把政治标准作为高校思想政治课教师评聘和考核的首要标准。二是突出师德师风建设，要求实施师德“一票否决制”。三是注重培育思政课教师领军人才的培育。这两个文件成为建设一支政治坚定、业务精湛、师德高尚、结构合理的思政课教师队伍和大学生真心喜爱、终身受益的优秀高校思政课课程的催化剂。为了贯彻全国教育大会的精神要求，2019 年 5 月，《普

---

❶ 崔丹等：《改革开放以来高校思政课教师队伍建设的发展历程和基本经验》，《前沿》2012 年第 4 期。

通高等学校思想政治理论课教师队伍培养规划（2019—2023 年）》由教育部印发。该规划的出台，着眼于“新时代高校思想政治理论课创优行动”，明确了推进教师队伍建设的思路和举措，为建设一支专职为主、专兼结合、数量充足、素质优良的高校思想政治理论课教师队伍提供了遵循。2020 年年初，教育部印发的《新时代高等学校思想政治理论课教师队伍建设规定》要求，高校思政课教师政治必须要强，始终在政治立场、政治方向、政治原则、政治道路上同以习近平同志为核心的党中央保持高度一致，必须用好国家统编教材，加强教学研究和深化教学改革创新。高校应当配齐建强思政课专职教师队伍，建设一支专职为主、专兼结合、数量充足、素质优良的思政课教师队伍。高校思政课教师岗位配备不得低于师生比 1∶350 的比例。该规定，为新时代打造一支可信、可敬、可靠，乐为、敢为、有为的思政课教师队伍提供了重要遵循。

三、思想政治理论课教学改革成就显著

作为大学生思想政治教育的主阵地和主渠道，高校思想政治理论课在“培养什么人、怎样培养人”这一根本性问题上发挥着引领作用。为了提高思想政治理论课教学在立德树人、培养中国特色社会主义事业合格建设者和可靠接班人这一伟大工程的实效性，高校思想政治理论课教学改革工作一直备受人们关注。在党的领导下，高校思政课教学改革循序渐进进行，已经取得显著成效，这些改革不仅体现在高校思政课程体系设置的不断与时俱进上，而且体现在教学方法、教学理念、教学手段、考核方式等方面的创新上。

1. 高校思想政治理论课程体系改革与教材建设协同推进

改革开放之后，在“少而精”“学马列要精、要管用”这一原则的指导下，教育部先后通过的“85 方案”“98 方案”和“05 方案”对高校思政课课程体系进行不断调整，最终建立起结构合理、功能互补的课程体系。此后，虽然课程名称曾经进行过整合，不同课程学时出现过一些调整，但该课程方案一直延续至今。毛泽东思想和中国特色社会主义理论体系概论、中国近现代史纲要、思想道德修养与法律基础、马克思主义基本原理概论等是全国各级各类大学生必修的四门政治理论课程。这些课程的设置体现了明显的继承性和连续性。

同时，中央也非常重视高校思政课教材的编写、审定和选用工作。为了改变高校思政课没有正式出版统一教材的状况，1985 年，党中央成立全国马克思主义思想理论课教材编审委员会，负责高校思政课程设置、教材编辑和审定以及教学参考资料的研究等工作。2004 年 1 月，党中央启动实施马克思主义理论研究和建设工程，把编写高校思政课教材纳入总体规划。2006 年 9 月以后，本科生 4 门思政课新教材陆续出版，开始形成具有中国特色、中国风格、中国气派的高校思政课教材体系。[1]

2. 高校思政课课堂教学在改革创新路上逐渐彰显活力

课堂教学改革创新是提升高校思政课教学质量的重要抓手。长期以来，高校思政课教师拘泥于传统的课堂教学模式，再加上高校对思政课程很长时间的不太重视，使得高校思政课堂逐渐成为抬头率最低的课堂之一。教师认真地在讲台上讲解、而学生

---

[1] 郑素玲：《新中国成立以来党领导高校思政课建设的历史考察》，《中国高校社会科学》2020 年第 3 期。

“埋头苦干”看手机屏幕、浏览新闻、发微博、聊 QQ、观看网络视频等情形极为常见。“课堂上老师上课的质量决定大学生手机的流量”的笑谈已经成为某些思政课课堂教学的写照。[1] 为了把思政课打造成学生“真心喜爱、终身受益”的课程，高校开启了思政课课堂教学改革创新。尤其是“05 方案”实施以来，高校思政课课堂教学的改革创新取得了很大进步。一是大部分思政课教师树立了终身学习的理念，教师素质普遍得到提升，为应对新的挑战提供了扎实基础。二是课堂教学模式日渐丰富多样。随着互联网时代的到来，融媒体、新技术广泛应用于思政课课堂教学，“翻转课堂”“对分课堂”“MOCC 课程”“微课堂”等“互联网 + 思政课”教学模式纷纷成为高校思政课教师创新课堂教学模式的最新选择。三是学生的主体性作用发挥充分，实现了全向多维互动交流模式。近年来，高校思政课开始了智慧课堂的探索。智慧树、学习通等智慧课堂的运用，形成了一种师生互动、生生互动的多维网状场域，课堂互动交流全向立体化是智慧课堂的核心特征。智慧课堂在技术环境的辅助下，可以充分利用教学互动工具，如电子书包、交互式电子白板、点阵笔等设备进行交流互动，采用随堂测试、弹幕讨论、投票、选人等方式，互动形式更加灵活，沟通方式更加多元化，[2] 有效地实现了师生、生生之间全向、无障碍互动交流。

3. 马克思主义理论学科建设推动思政课教学步伐明显加快

马克思主义理论学科是从整体上研究马克思主义基本原理和

---

[1] 宋庆喜、张志臣：《理论 实践与创新 衡水学院思想政治理论课改革与探索》，河北人民出版社，2017。

[2] 牟丽娇：《大数据时代高校思政课智慧课堂教学改革与实践——以中国近现代史纲要课程为例》，《重庆科技学院学报（社会科学版）》2020 年第 3 期。

科学体系的学科，在我国学科建设中发挥着不可替代的重要作用。[1] 高校思政课的不断完善是马克思主义理论学科建设的坚实基础，而政治教育、中共党史、马克思主义基础等本科专业与科学社会主义、中共党史、马克思主义哲学等二级学科的设置为马克思主义理论学科建设搭建了科学架构。在 1996 年设立马克思主义理论与思想政治教育二级学科的基础上，2006 年，独立设置了马克思主义理论一级学科，二级学科的设置也由原来对应高校本科生思想政治理论课四门课程要求的马克思主义基本原理、马克思主义中国化研究、思想政治教育和中国近现代史基本问题研究等四个方向增加到包括马克思主义基本原理、马克思主义发展史、马克思主义中国化研究、国外马克思主义、思想政治教育研究、中国近现代基本问题研究等 6 个二级学科（后又增设党的建设二级学科）。[2] 这一变化适应了实践和理论发展的需要，进一步丰富了马克思主义理论一级学科的研究内容。马克思主义理论学科是学位点最多的学科，全国共有一级学科博士授权点 81 个，二级学科博士授权点 19 个，一级学科硕士点 407 个。[3] 与此同时，拓展了马克思主义理论一级学科研究的重点内容。根据实践和理论发展的需要，二级学科数量不断增加。除与高校本科生思想政治理论课四门课程相对应的四个方向外，还要加上马克思主义发展史、党的建设、国外马克思主义研究等三个方向，二级学科数量增加到七个，表明马克思主义理论一级学科的研究内容日益丰富。马

---

[1] 莫岳云：《马克思主义理论学科建设的主要经验》，《中国社会科学报》2020 年 10 月 22 日第 1 版。

[2] 莫岳云：《马克思主义理论学科建设的主要经验》，《中国社会科学报》2020 年 10 月 22 日第 1 版。

[3] 莫岳云：《马克思主义理论学科建设的主要经验》，《中国社会科学报》2020 年 10 月 22 日第 1 版。

克思主义理论学科的发展，为高校思政课课堂教学提供了理论支撑，也促进了思政课教师队伍的建设，二者形成了一种良性互动。

4. 建立起思想政治理论课教师与辅导员两支队伍合力育人的新模式

近年来，许多高校都进行了“两支队伍”合力育人的探索。这些高校不仅加强了顶层设计，促使“两支队伍”在理论教学、实践育人等方面的深度合作与交流，实现了思想政治理论课教师与辅导员的整合。这种整合首先表现在辅导员队伍可以适当承担思想政治理论课教学工作，不断获得教学的感性认识，进一步强化辅导员队伍的马克思主义理论学习，为开展好思想政治教育工作奠定理论基石。其次表现为思政课教师与辅导员一起参与社会实践的指导。当前，高校社会实践内容丰富，形式多样，“青马工程”“三下乡”“创新创业训练”“行走的思政课”等都是一些常见的社会实践形式。许多高校积极推进思政理论课实践教学，聘任或派遣思政课教师和辅导员参加指导，实现了“思政课教学”与社会实践的内容一致、学分互认，打通了思政课实践教学与大学生社会实践之间的障碍，提高了实践育人的成效。❶ 再次，吸纳辅导员与思政课教师一起参与科学研究。相对思政课教师而言，辅导员和学生打交道较多，思想政治工作实践经验丰富，能够较好地把握大学生思想动态和了解大学生的需要，对于大学生思想中存在的问题他们的认识也比较深刻，有助于辅导员和思想政治理论课教师共同施策和“两支队伍”在工作中的有机融合。❷

❶ 《深度整合实现思政效力最大化——重庆高校思想政治理论课教师与辅导员合力育人的实践》，《中国教育报》2018 年 2 月 28 日第 4 版。

❷ 《深度整合实现思政效力最大化——重庆高校思想政治理论课教师与辅导员合力育人的实践》，《中国教育报》2018 年 2 月 28 日第 4 版。

第三节 概论课高质量教学团队建设的理论基础

关于团队的基本内涵和要素，前一章中已经有所讨论。团队作为社会化大生产的产物，体现了分工与协作的关系，其目的是发挥集体力量，攻克社会化生产中面临的重大难题。随着概论课教学面临的挑战越来越多，加强概论课高质量教学团队建设不管是在促进教学专业发展方面，还是在促进人才培养质量提高、提高教学实效性上都有着重要意义。可以说，概论课教学团队建设有着深厚的理论基础，具体来看，马克思主义教学专业发展理论、团队建设理论、绩效理论等都是其理论来源。

一、教师发展理论

教师发展是现代教育教学改革和促进教学质量提升的关键环节。高素质的教师是培养现代人素质的关键，也是推动社会发展的关键力量。随着广泛深入的教育改革以及教师专业化水平的提高，教师发展受到社会的广泛关注，“反思型教师”“学者型教师”“专家型教师”等各种类型教师的培养越来越受到社会的关注。

作为一个概念和话题，“大学教师发展”源于19世纪哈佛大学开始实施的教师学术休假制度，[1]并在20世纪60年代以后成为各高等院校的关注点。所谓大学教师发展，主要是指教师从事专

---

[1] 耿益群：《研究型大学教师绩效评价制度研究》，知识产权出版社，2017，第30页。

业活动全面发展，包括教学、科研及职业发展。[1] 可以说，不管是作为一个概念和话题，还是作为一种实践，“教师发展”都已经流行多年并受到社会普遍关注。

教师发展理论首先是明确老师的知识结构理论。这主要是指作为教师应该具备什么样的知识结构。一般来说，教师应该掌握三个方面的理论知识：一是内容知识，即包括学科内容本身和外在的学科教学法的学科知识。[2] 也就是说，教师应该掌握本学科的知识和从事本学科教学的知识，并对此有一定深入的研究和学习。二是教学法知识理论。舒尔曼认为，教师教学法知识分为一般教学法知识和学科教学法知识。前一类是指来自教育心理学取向的如教学设计、管理课堂和激发学生学习动机等。后一类是指教师将学科内容转化和表征为教学意义的形式、适用于不同能力和背景学生的能力的知识。[3] 西方国家其他学者也认同舒尔曼的这种观点。他们还认为，教学法知识是综合了学科知识、教学和背景的知识而成的知识，是一种教师特有的知识。[4] 三是其他知识结构。其他知识主要包括课程知识、学生知识、地域文化差异知识、历史哲学和文化知识等内容。尤为重要的是，教师的师德师风是加强建设的重要内容。所以，教师必须端正个人价值观、不断提升自身能力、发扬优势和克服弱点。

其次是明确教师发展的核心。教师发展的核心主要是在两个

---

[1] 耿益群：《研究型大学教师绩效评价制度研究》，知识产权出版社，2017，第30页。

[2] 邹春花、黄连杰：《多元视角下我国高校青年教师发展研究》，北京理工大学出版社，2017，第19页。

[3] 邹春花、黄连杰：《多元视角下我国高校青年教师发展研究》，北京理工大学出版社，2017，第20页。

[4] 邹春花、黄连杰：《多元视角下我国高校青年教师发展研究》，北京理工大学出版社，2017，第20页。

方面下功夫：一是提升自己的学科能力，二是提高自己的教学能力。学科能力是提高教师教学效果的前提和基础，主要是指对所任教学科知识的不断扩充、更新和创新。而教学能力是提高教学实效性的关键因素和保证，其实质就是在教学过程中如何不断解决好"如何教的问题"。因此，提升教学能力是一个不断丰富和提升自己的学科教学方法、不断完善教学实践智慧，以便提高教学实效性的过程。这两种知识和能力可以通过书本学习获得，但建设高水平教学团队来促进教师的专业发展具有更多的可行性。因为教师个人的能力和知识面是有一定限度的，正如哈耶克所说：每个人都不能掌握真理的全部，而只是占有知识的某些片断。❶ 掌握不同知识结构、拥有不同创造能力的教师个体通过相互沟通和协作，能够有效避免知识的逻辑性和结构性矛盾，有利于学生在知识建构、能力培养上的合理性和有效性。❷ 同时，高水平团队建设也有利于青年教师的培养，他们可以在团队中获得教学经验丰富、学识渊博、师德崇高的老教师的帮助。

二、教师终身教育理论

终身教育思想由来已久。从夸美纽斯到孔多塞再到桑代克，从陶行知再到常道直，他们均强调教育应该贯穿人的一生，且不能限定年龄。而陶行知是中国教育界第一个提出"终身教育"概念的人。1956 年法国议会的立法文件也出现了这一概念。❸ 在吸收历史上所有关于终身教育相关言论和观点及其早期实践的基础上，

---

❶ 张强等：《高校教学团队建设的博弈分析——基于高等教育"质量工程"的研究》，经济科学出版社，2010，第 32 页。

❷ 张强等：《高校教学团队建设的博弈分析——基于高等教育"质量工程"的研究》，经济科学出版社，2010，第 32 页。

❸ 王学锋：《成人高等教育管理与实践》，云南民族出版社，2007，第 112 页。

1965 年，联合国教科文组织成人教育专家保罗·朗格朗出版的《终身教育引论》标志着终身教育理论的正式提出。1972 年，这一理论得到联合国教科文组织召集的国际委员会的确认。

朗格朗指出："教育不能停止在儿童期和青年期，只要人活着，就应该是继续的。教育必须以这样的做法，来适应个人和社会的连续性的要求"，[1] 应该包括"一系列非常具体的思想、实验和成就，换言之，是完全意义上的教育，它包括了教育的所有各个方面、各项内容，从一个人出生的那一刻起一直到生命终结时为止的不间断的发展，包括了教育发展阶段各个关头之间的有机联系。"[2] 对于这一阐述，我们可以这样理解：受教育是一个连续过程，不能终结于初等教育、中等教育或大学教育，而是应该根据形势的变化和自身的需求，终身进行学习。

还有一些专家从其他视角阐释了终身教育。如联合国教科文组织专职研究员 R. H. 戴维就强调说："终身教育是个人或诸集团为了自身生活水准的提高，而通过每个个人的一生所经历的一种人性的、社会的、职业的过程。这是在人生的各种阶段及生活领域，以带来启发及向上为目的，并包括'正规的'、'非正规的'的学习在内的一种综合和统一的理念。"[3] 由此，我们可以得知，终身教育存在于人的一生中，它是学校教育和学校毕业后教育及训练的统一结合。终身教育形式多样，既有全日制教育形式，也包括非全日制形式，是一种面向全体社会成员的崭新的教育体系。

终身教育理论的内涵主要包括如下几个方面：第一，终身教

---

[1] 保罗·朗格朗：《终身教育引论》，中国对外翻译出版公司，1985 年，第 16 页。
[2] 保罗·朗格朗：《终身教育引论》，中国对外翻译出版公司，1985 年，第 15 – 16 页。
[3] 王学锋：《成人高等教育管理与实践》，云南民族出版社，2007，第 112 页。

育是面向全民开放的教育，包括婴幼儿、童年、青少年、成年和老年人在内的所有社会成员都可以接受这一教育。终身教育是包括正规教育和非正规教育在内的，因此，它最大的特点就是面向全民开放。这是终身教育最基本的特点——全民性。第二，终身教育是没有时间限制的教育。教育是一个长期而缓慢的过程。学界提出终身教育的目的，就是为了让人意识到这一点。可以说，从每个人一具备接受教育的能力开始，终其一生都在接受教育。也就是说，教育已经突破了局限于某一个年龄阶段，教育也不再是青少年的专利，已经贯穿人的一生。第三，终身教育是没有空间限制的教育。传统意义上的教育，一般局限于教育场所。而“终身教育”则打破了这种空间上的限制，既包括社区、工作场所、学校等公共场所，也包括家庭等私人空间，既可以在一切可能对人发挥教育的场所进行，也可以通过网络、媒体等现代技术展开。终身教育求助于各种各样的机构：学校、学院和大学，同时还有家庭、社区和工作领域、书籍、出版社、剧场和大众传播媒介。❶ 第四，终身教育是包含丰富内容的教育。终身教育的目的在于以其教育内容促进人的全面发展和提高人的全面素质，实现人性的完善和人生真正价值的实现。❷ 因此，终身教育的内容远远超越于普通教育、职业教育、生活教育等各类教育内容之外，既有正规教育的内容，也有适应职业、素质提升的非正规教育的内容。第五，终身教育是一种因人而异的教育。既然终身教育包括非正规教育，受教育者的自身条件、学习能力、学习时间与地点会存在明显差异。因此，终身教育不仅仅是停留于正规教育中

---

❶ 瞿葆奎:《教育学文集·教育制度》，人民教育出版社，1990，第553页。

❷ 王霞：《大学教育和社区教育的互动协同发展》，中国社会出版社，2019，第63页。

的班级授课制，而是把学校教育与家庭教育、社会教育相结合。同时，每个年龄阶段的受教育者都有自己的长处和短处，为此，终身教育充分考虑到受教育者的差异性，扬长避短，建立起灵活弹性的学习制度，采取丰富多样的教育类型，利用广泛的教育空间，真正使终身教育在提高人的素质上发挥重要作用。

"终身教育"概念一经提出，就受到社会的高度专注。而随着中国教育改革的深入和社会的不断发展，高校教师的终身教育也成为一个不可回避的选择。之所以强调高校老师的终身教育问题，一方面是因为当今时代正处于知识更新迅猛发展、技术革新日新月异的时期，仅靠大学本科、硕士、博士阶段获得的知识不能终身享用。尤其是随着00后的入校，他们的知识结构、思维方式、信息获得已经远远超越部分教师。因此，高校教师仅用原有的知识是无法适应现代化大学生素质和能力培养的需要的，要跟上信息社会发展的进程，每个老师都必须进行终身学习。另一方面，高校教师处于"人力资源"开发的前沿阵地，他们承担着培养高、尖端科学技术人才和国家栋梁之材的历史重任。❶ 因此，他们的终身教育在社会教育体系中占有更加突出的地位。有一位教育专家曾经说过："如果一个大学教师，不进行自身学习，不进行知识更新，不从事科学研究，一心只想教书的话，那么他最终没有书教，只有被迫下课。"❷ 因此，高校教师必须把终身教育作为推动自身发展和学校发展的动力之一。

---

❶ 王霞：《大学教育和社区教育的互动协同发展》，中国社会出版社，2019，第114页。

❷ 王霞：《大学教育和社区教育的互动协同发展》，中国社会出版社，2019，第114－115页。

三、合作竞争理论

合作竞争理论是现代管理学中的一个重要理论。这一理论的主要代表人物有：本杰明·古莫斯·卡塞尔斯、拜瑞·J. 内勒巴夫和亚当·M. 布兰登勃格。其中，拜瑞·J. 内勒巴夫和亚当·M. 布兰登勃格在合著《合作竞争》中首次提出“合作竞争”这一概念。他们指出：“合作竞争是一种超越了过去合作以及竞争的规则，并且结合了两者优势的一种方法，合作竞争意味着在创造更大商业市场时进行合作。”❶ 在此基础上，又有学者提出，企业自身的优异程度并不能完全帮助企业获得竞争优势，只有在企业所在的产业链上的所有成员通力合作，加强整体优势的情况下，才能铸就产业合作竞争优势。❷ 由此可以看出，在合作竞争理论提出者看来，竞争与合作有着密切联系。竞争并不排斥合作，而合作也并未弱化竞争，同时合作更有利于提高竞争的效率。❸ 这一理论是源于对竞争对抗性本身固有的缺点的再认识和对当今复杂经营环境的重新适应而提出的。❹ 合作竞争理论给了教学团队建设非常重要的启示。面对日益复杂的教学环境，要提高高校思想政治理论课的教学实效性，真正实现立德树人的任务，教师之间必须结成战略联盟，增强教学链上所有教师的优势，实现多种信息共享、资源整合。这不仅是提高高校思想政治理论课整体教学效果的先决保障，更是高校马克思主义理论学科做大做强过程中发挥

---

❶ 洪华：《基于合作竞争的合作剩余研究》，硕士学位论文，南京理工大学，2004，第 8 - 10 页。

❷ 郭大成等：《高校促进产学研用结合理论与实践》，北京理工大学出版社，2012，第 32 页。

❸ 石书玲：《知识联盟的形成与运行机理研究》，南开大学出版社，2015，第 28 页。

❹ 卫田：《职业责任与领导力》，复旦大学出版社，2018，第 228 页。

作用的重要载体。在教学团队建设中，有几个方面值得注意：

首先，高校教师必须要有合作意识。教学工作的特殊性和教师专业发展的需要，决定了教师之间必须加强工作上的合作。同事之间的合作可以加强教师之间的相互交流和共享，对于教师改进教学效果具有很大好处。

其次，高校必须推进评价体系改革。教师的专业发展是教师自身知识水平和教学能力得到提升的重要形式，而教学团队专业发展是教师自身发展的必经途径，而这种提升必须是在教育教学实践中，在与学生打交道、解决学生问题促其进步的过程中实现的。[1] 因此，在教学实践中，老师们非常希望加强彼此的合作，但是，老师的这种强烈愿望为现实所打断。特别是近年来各类学校设立的等级制度、教师评价制度的缺陷使得教师之间的竞争关系成为影响合作的阻力和羁绊。高校必须对此进行改革，以淡化教师之间的竞争。

最后，必须维持好竞争与合作之间的张力。有学者证明，人与人之间的关系形态首先表现为竞争，在竞争的基础上，产生合作的动力。可以说，合作与竞争是相辅相成的关系。竞争是合作的动力和基础，合作是竞争中的合作。[2] 过于强调竞争会导致人际关系的畸形发展等问题，但单纯强调合作而否定竞争同样会导致效率低下等实际问题。因此，正确的选择应当是，在合作与竞争之间维持一种张力平衡，合作与竞争作为连续统的两端都有存在的理由，维持平衡才是明智之举。[3] 千万不能因为合作有利于老师

---

[1] 顾明远：《国际教育新理念》，教育科学出版社，2020，第 228 页。

[2] 邓涛：《教师专业合作的理论与实践研究》，东北师范大学出版社，2011，第 249 页。

[3] 邓涛：《教师专业合作的理论与实践研究》，东北师范大学出版社，2011，第 251 页。

的教学与科学发展，就否定适当的竞争。合作不是解决教学痼疾的万能药方，竞争也不是推动教学发展的唯一方式。我们应该在教师的合作与竞争之间找到平衡点，维持一种适当的张力，以达到“在竞争中合作，在合作中竞争”的境界。[1]

四、团队理论

团队理论是现代组织经济学的重要分支之一。美籍学者马尔夏克是该理论的创立者。团队理论对团队的内涵、发展、特征、建设路径等基本理论问题进行了系统阐述。所谓团队，是指一群为了共同目标而相互依赖的决策者。[2] 虽然他们之间存在不同动力和利益上的差别，但为了实现共同目标，他们会接受决策的联合结果。有效的团队要经历形成、震荡、稳定、运行和休整等几个阶段。有的团队在任务完成、目标达成后，会自行解散。要想建设一支好的团队，必须具备团队精神。团队精神是每一个团队成员必然具备的基本意识，体现了成员对团队群体的认同和归属，表明成员愿意为团队的目标而努力奋斗。如何铸造团队精神？这是每一个团队必须解决的核心问题。好的团队必须包括出色的领导、共同的意愿、成员之间的沟通和交流以及完善的激励机制。这些要素也是铸造团队精神的基本要求。因此，团队带头人必须要提升个人魅力，有长远眼光、魄力和宽广胸怀。在此基础上，设置切实可行的目标，以平等的沟通为润滑剂，以完善的激励为保障，建立一种相互信任、相互帮助的团队模式。唯有如此，才能提高团队效能，并顺利完成既定目标和任务。当然，在任何一

---

[1] 邓涛：《教师专业合作的理论与实践研究》，东北师范大学出版社，2011，第252页。

[2] 魏敏：《管理心理学》，东北财经大学出版社，2011，第106页。

个团队的建设中，良好的团队气氛、团队成员高效的学习和自主管理能力、合适的团队结构，也是实现团队目标的重要因素。团队建设理论给予我们的启示在于：在现代社会中，人们之间的协作劳动是完成任何一项重要任务的重要条件。团队将会成为智慧社会解决管理问题和实现组织目标的一种有效途径。

西方组织管理学的团队理论为概论课教学团队的建设提供了重要理论来源。之所以强调团队建设的重要性，主要根源于西方管理学中关于企业的团队理论。企业的团队理论主要是在反思新古典经济学中关于企业“黑箱”式处理中存在的不足而提出的，主要包括团队风险配置理论、团队监督理论和团队激励理论等内容。[1] 这一理论的创始人是美国学者富兰克 · H. 奈特教授（1921）。奈特教授以团队的联合生产为出发点进行研究，论述了在不确定状态下企业为什么存在的问题。在他看来，任何生产总是以团队的联合生产的形态出现。[2] 他从三个方面阐述了团队生产的含义。首先，生产需要投入多种资源；其次，产品或产值不是每个参与合作的各生产要素分别进行生产的产出之和；最后，生产中使用的要素和资源并非归一人所有。[3] 他甚至还指出，生产的内部组织即团队生产必须先要找到最具管理才能的人，以负责生产经营活动。[4] 奈特的团队理论揭示了企业起源和性质，对新制度经济学家产生了深远的影响。在他的影响下，越来越多的经济学者开始思考这一问题。马尔萨克（Marschak）和拉德纳（Radner）、詹姆斯 · 莫里斯等学者则对团队的成员的特性进行了论述，认为

---

❶ 剧锦文：《企业与公司治理理论研究》，中国经济出版社，2018，第 17 页。
❷ 剧锦文：《企业与公司治理理论研究》，中国经济出版社，2018，第 17 页。
❸ 剧锦文：《企业与公司治理理论研究》，中国经济出版社，2018，第 17 页。
❹ 剧锦文：《企业与公司治理理论研究》，中国经济出版社，2018，第 17 页。

团队的成员具有共同的偏好。[1] 美国著名的管理学家斯蒂芬·P.罗宾斯对工作群体和工作团队的特点分析可以看出团队不同于其他群体的特点或侧重点，这些特点或侧重点能否顺利得以实现也决定了团队建设的效果。斯蒂芬从四个方面对群体和团队进行了比较：第一，目标。群体倾向于信息共享，团队倾向于集体绩效。第二，协同配合。群体的态度是倾向于中性偏消极，团队倾向于积极。第三，责任担当。群体倾向于个体化，团队倾向于由个体或共同承担责任。第四，工作技能。群体倾向于各自的技能随机的或不同的，团体倾向于团队成员的工作技能是相互补充的。通过比较，团队之所以不同于其他群体，就在于团队各构成要素的特殊要求性，这些特殊要求也是团队建设中的必要构成。可以说，团队的出现，最初是为了发挥集体的力量，攻克科学研发项目的难题，后来扩大到各行各业。团队的概念最初诞生于企业管理中。其实，“团队”最先是被引入生产过程中，主要是通过团队进行组织重构。实践证明，团队可以提高多种技能、经验和判断的工作效率，并且有利于充分发挥人员才能，对员工产生较好的激励作用，促进员工参与决策。[2]

随着团队理论逐渐走向成熟，这一概念也于20世纪70年代应用到大学教学领域。“同伴互助”教学理念在西方出现，它提倡教师共同工作，形成伙伴关系，通过共同研习、示范教学，以及系统的教学练习与回馈等方式，彼此学习和改进教学策略，提升教学质量。20世纪90年代，我国将此概念引入教育领域并开始了教育团体的实践。2006年，徐达奇提出教学团队的概念，表述为：以教学工作为主线，以先进的教育思想理念为指导，以专业建设、

[1] 剧锦文：《企业与公司治理理论研究》，中国经济出版社，2018，第17页。
[2] 赵国祥：《组织行为学》，东北财经大学出版社，2016，第191页。

课程建设、教学基地等建设为重点，立足于人才培养质量的提高，开展教学研究和教学建设的核心队伍。2007 年，马延奇提出：教学团队是以提高教学质量和效果、推进教学改革为主要任务，由为共同的教学改革目标而相互承担责任的教师组成。2008 年又有人提出、教学团队是为完成共同教学目标、建设目标，由教学任务相近的教师组成，由教学水平高、教学造诣深的教授领衔与负责，有合理的知识结构与年龄结构，有效的沟通与合作机制，有合理配置教学资源的途径，经常性地开展教学内容与教学改革的研究，经常性地开展教学经验交流，经常性地开展学术合作并实现优势互补和携手前进的教学群体。

为了提高人才培养质量，教育部启动了“教学团队与高水平教师队伍建设”项目，要求“重点遴选和建设一批教学质量高、结构合理的教学团队，建立有效的团队合作机制，促进教学研讨和教学经验交流，开发教学资源，推进教学工作的老中青相结合，发扬传帮带作用，加强青年教师的培养”。[1] 2007 年，教学团队建设成为教育部和财政部实施教学质量与教学改革工程的建设项目之一。

第四节　概论课高质量教学团队建设的历史基础

鉴于高校思想政治理论课对于增强青年价值认同、政治认同

---

[1] 《教育部财政部关于实施“高等学校本科教学教学质量与教学改革工程”的意见》，2007 - 01 - 22，http://www.moe.gov.cn/srcsite/A08/s7056/200701/t20070122_79761.html。

的重要性，高校思想政治理论课教育教学一直受到无产阶级政党的关注和重视。新时代概论课高质量教学团队建设，是对中华人民共和国成立以来高校思政课教师队伍建设的经验总结，是对苏联等社会主义国家教师队伍建设经验的深刻借鉴，是西方国家教师队伍建设经验的借鉴启迪。

一、中华人民共和国成立以来高校思政课教师队伍建设的经验总结

中华人民共和国成立后，我们党在深刻总结新民主主义革命时期局部执政时期在高校开设政治理论课的实践经验和汲取苏联高校有益做法的基础上，创立了高校思想政治理论课，并根据主要矛盾和中心任务的变化，多次对高校思想政治理论课课程、思路和格局进行调整和完善，并对高校思想政治教育理论教师队伍建设进行了不断探索，为培养社会主义接班人发挥了重要作用。梳理我国高校思想政治理论课教师队伍建设的基本历程，总结概括其基本经验，对于推进新时代概论课高质量教学团队建设具有十分重要的意义。

中华人民共和国成立之初，“废除政治上的反动课程，开设新民主主义的革命的政治课程，借以肃清封建的、买办的、法西斯主义的思想，发展为人民服务的思想”❶ 是高校思想政治理论课教学的主要目的。但是，此时的高校思想政治理论课教学仍处于起步阶段，思政课教师人才匮乏、部分思政课教师政治素质和理论知识水平不高，思想政治课教学质量有待进一步提高。“过去由于

---

❶ 何东昌：《中华人民共和国重要教育文献（1949—1975）》，海南出版社，1998，第 48 页。

普遍缺少足够称职的政治理论师资，以致这些课程的教学水平一般都不高”。❶ 甚至连北京大学都存在这一情况。正如北京大学教授金克木所说：“每学期都是到了开学才拼凑‘社会发展史’或‘新民主主义论’的教员。”❷ 为了改变现状，党中央不仅要求高校成立高校思想政治课教学的指导机构，而且有重点地试行高校政治工作制度，并于1952年9月下发《关于培养高等、中等学校马克思列宁主义理论师资的指示》，通过在中国人民大学创设马克思列宁主义研究班、在高校或中等学校选拔思想政治理论课助教或助理等方式培养思政课师资力量，使得高校思政课教师师资力量薄弱的情况得到有效改善。

“三大改造”完成后，高校思政课建设逐步走上正轨。但是，由于受到“左”的指导思想的影响，这一时期的高校思想政治理论课建设也是一波三折，既开始了思想政治教育中国化历程的探索，也现出了一定程度的混乱。特别是随着“教育革命”号令的发出，教育领域中的“两条道路之间的斗争”和“克服教育工作中的右倾思想和教条主义思想”非常突出，❸ 后来竟然提出“在思想政治教育中要坚持政治挂帅、要以阶级教育和劳动教育为纲”，❹ 高校思想政治理论课教师队伍建设工作也因此中断。“文革”期间，高校思想政治教育课程被糟蹋得面目全非，教师队伍也被弄得四分五裂，不少教师在反对和抵制林彪及四人帮反革命集团的

---

❶ 教育部社会科学司：《普通高校思想政治理论课文献选编（1949—2008）》，中国人民大学出版社，2008，第37－38页。

❷ 吴小妮：《新中国成立初期的思想政治理论课建设》，《光明日报》2019年9月6日第11版。

❸ 教育部社会科学司：《普通高校思想政治理论课文献选编（1949—2008）》，中国人民大学出版社，2008，第37－38页。

❹ 何东昌：《中华人民共和国重要教育文献（1949—1975）》，海南出版社，1998，第1253页。

斗争中受到迫害和摧残。[1] 改革开放以后，以思想政治理论课程体系的演化为标志，高校思想政治理论课教学改革得以不断推进。而“重视教师队伍建设是历次思想政治理论课程改革的显著特点。”[2]“85 方案”“98 方案”和“05 方案”的相继出台，不仅进一步完善了高校思想政治理论课课程体系，而且赋予了高校思想政治理论课教师队伍建设以新的内涵。党的十八大以来，高校思想政治理论课教师队伍建设进入到质量提升阶段。[3] 为了造就一支高质量、专业化、创新型的思想政治理论课教师队伍，国家以实施思想政治理论课教师队伍建设的“百千万人才工程”为抓手，“通过全员培训、骨干研修、在职攻读学位、国内考察、国外研修、以项目选人和选人给项目等多种途径”,[4] 以重点建设一批马克思主义学院为契机，进一步推进高校思想政治理论课教学队伍的建设。经过 70 多年的努力，“思政课教师队伍建设实现历史性突破”，截至 2021 年年底，高校思政课专兼职教师超过 12.7 万人，较 2012 年增加 7.4 万人。[5]

不过，在高校思想政治理论课教师队伍建设的过程中，有个问题开始受到关注——那就是教师团队建设。随着团队理论在国内教育界的渗透，2009 年起，教育部、财政部开始立项资助高校

---

[1] 教育部社会科学司：《普通高校思想政治理论课文献选编（1949—2008）》，中国人民大学出版社，2008，第 85 页。

[2] 顾海良：《改革开放以来高校思想政治理论课教师队伍建设回顾与展望》，《思想理论教育》2008 年第 17 期。

[3] 骆郁廷：《改革开放 40 年来高校思想政治理论课教师队伍建设的历史发展》，《思想理论教育导刊》2018 年第 10 期。

[4]《普通高等学校思想政治理论课教师队伍培养规划（2013—2017）年》，2013－06－27，http://www.moe.gov.cn/srcsite/A13/moe_772/201306/t20130627_153857.html。

[5]《学校思想政治理论课教师座谈会精神贯彻总体情况介绍》，2022－03－17，http://www.moe.gov.cn/fbh/live/2022/54301/sfcl/202203/t20220317_608134.html。

教学团队建设，当年就批准资助了包括北京大学普通化学本科主干基础课教学团队在内的305个国家级教学团队，其中也包括由安徽师范大学王先俊教授负责的“毛泽东思想和中国特色社会主义理论体系概论教学团队”、中山大学李萍教授负责的“思想道德修养与法律基础课教学团队”、西南交通大学何云庵教授负责的“中国近现代史纲要教学团队”。之后，建设的高校思想政治课教学团队数量越来越多。十八大以来更是成效显著。据教育部社科司数据统计，到2021年止，教育部支持建设了200余个优秀教学科研团队。[1] 由此看出，教学团队建设是提升高校思想政治理论课教师的整体教学水平和科研教学能力的重要途径。

二、对苏联等社会主义国家教师队伍建设经验的深刻镜鉴

中华人民共和国成立初期，学习苏联是一项基本国策。正如刘少奇所说：“我们要建国，同样也必须‘以俄为师’，学习苏联人民的建国经验。”[2]“在全面学习苏联经验的过程中，文化教育领域始终走在最前面。”[3] 作为世界上第一个社会主义国家，苏联不仅非常注意高等教育，而且还特别注意师资的培养。因此，从中国共产党局部执政伊始，在教育模式上就选择了“以苏俄为师”。而“苏联对革命根据地教育的影响主要表现在教育方针和教育指导思想上。”[4] 中华人民共和国成立以后，更是采取了全

---

[1] 《学校思想政治理论课教师座谈会精神贯彻总体情况介绍》，2022－03－17，http://www.moe.gov.cn/fbh/live/2022/54301/sfcl/202203/t20220317_608134.html。

[2] 《中华人民共和国教育大事记（1949—1982）》，教育科学出版社，1984，第4页。

[3] 李涛：《借鉴与发展——中苏教育关系研究（1949—1976）》，浙江教育出版社，2006，第42－43页。

[4] 李涛：《借鉴与发展——中苏教育关系研究（1949—1976）》，浙江教育出版社，2006，第42－43页。

面学习苏联的态度，从高校办学的经验到高校院系的调整，再到课程体系的设置，都打上了苏联教育的烙印。“为了配合学习苏联经验的需要，高等教育界翻译了大量的苏联教材和有关苏联高等教育经验的著作”。[1] 苏联教育家克鲁普斯卡曾经说过：“有什么样的教师应有什么样的学校。”[2] 对一个学校乃至一个国家的教育发展来说，教师的培养和教育至关重要。

苏联非常重视教师的培养和教育。一是，苏联党和政府高度重视高校教师和科研人员的培养，并建立起包括师范院校、见习教师学院、见习助教等在内的比较完善的师资培养体系。二是强调从实际出发采取相应措施解决高校师资不均衡问题。苏联地域广阔，地区发展不平衡。高校师资队伍存在严重不平衡，偏远地区的高校更是如此。为了解决这一问题，苏联高校采取“立足本校、同时又借助重点院校的力量”的方法。例如，地处苏联远东地区的勃拉戈维申斯克农学院，面对师资队伍数量缺乏、质量不高的状况，通过自己培养、协作培养、见习培训等方式，逐步建立起了学校的师资队伍。[3] 三是采取竞试办法录用教师，不断改进高等学校师资队伍的结构。苏联高校教师实行聘任制，任期 5 年，可以连聘连任。1973 年苏联高等和中等专业教育部颁布的《高等学校教授、教学人员空缺任补程序条例》，对空缺任补者的条件、要求和竞聘程序等做了详细规定，成为高校师资队伍建设的重要指南。四是重视各级各类教师的培训。为了提高教师适应新的教

---

[1] 李涛：《借鉴与发展——中苏教育关系研究（1949—1976）》，浙江教育出版社，2006，第 44 页。

[2] 《继续教育研究》2019 年第 6 期，第 45－48 页。转引自寇金路等：《苏联教师教育发展历史沿革及启示》。

[3] 金允通：《苏联边远地区的高校是怎样充实师资队伍的——勃拉戈维申斯克学院培养教师的几点做法》，《辽宁高等教育研究》1985 年第 7 期。

学要求的能力，苏联十分强调在职教师的培训与考核，认为“教师通常在四、五年内进修一次是适宜的。”[1] 近200所教师进修学院承担起全国教师的轮训工作。教师进修学院还通过经验总结帮助教师改进教学方法，提升教师的教学能力。除此之外，师范学院函授部、夜校部以及各地的教育知识人民大学、教育协会、教育工作者之家等，也是教师进修的地方。[2] 通过这些举措，苏联较好地推动了高校师资力量的不断发展。

三、对西方国家教师队伍建设经验的借鉴启迪

现代高等教育发轫于欧洲，后逐渐移植和传播于世界各国。历经900多年的发展，西方资本主义国家已经拥有成熟的高校教师队伍建设理论和丰富的高校教师专业发展实践模式。而拥有全球公认的高质量高等教育系统的美国、英国和日本等国家，更是有许多值得我国借鉴学习的高校教师发展理论和实践形式。梳理这些理论与实践，能够为高质量教学团队的建设提供参考。

美国是“高校教师发展”运动的最初实践者。[3] 自密执安大学和密执安州立大学教师与教学发展中心成立以来，已有75%高校设置了组织机构及教师发展项目，部分高校还建立了多校合作间的国家性与国际性的大学教师发展组织与联盟。[4] 这些组织与联盟围绕教师的专业发展、教学发展、组织发展及个人发展等

---

[1] 无名：《苏联在职教师的培训与考核》，《高师函授》1986年第6期。

[2] 无名：《苏联在职教师的培训与考核》，《高师函授》1986年第6期。

[3] 彭亚骏等：《国外高校教师发展实践经验对我国建设中国特色社会主义高校的借鉴》，《未来与发展》2019年第11期。

[4] 王琳：《美国高校教师发展的现状及启示》，《浙江外国语学院学报》2011年第6期。

四维度目标展开活动，具有服务对象“全员化”、服务平台“全国化”、服务项目“综合化”等特点，对提高教师教学技能、促进教师学术研究发挥了重要作用。可以说，美国高校教师发展已步入较完整的一体化、综合化、制度化的发展轨道，教师发展机构的人员越来越专业，服务内容越来越全面，发展项目越来越有效。[1]

英国政府非常重视教师发展工作。他们在政策、监管上为教师发展提供了强有力的支持。英国大学规定教师的专业发展主要分为职前准备、入职培训和在职培训三个阶段。主要对教师的专业品质、专业知识和专业技能进行系统培训。为了确保教师专业发展目标的达成和准确把握教师发展的具体情况，英国还建立了完善的教师专业发展评估体系，包括教师绩效管理、教师入职评估和教师业绩评估等内容。[2]

与英美两国相比，日本大学教师发展工作起步较晚，但进展较快。日本大学教师发展工作有着深厚的政府背景。为了改善大学教育质量和开发提升教师综合教育能力，日本政府直接引导和支持大学教师发展工作，始终将教师发展明确定位为日本高教改革的基础和核心。[3] 不过，对于教师发展的认知，由于日本官方解读的影响，曾经一度存在误读——即把教师发展简单等同于研修。这一状况一直延续到 2008 年中央教育审议会的召开。尽管如此，在政府政策和财力的支持下，日本还是形成了稳定成熟的教师发

---

❶ 王琳：《美国高校教师发展的现状及启示》，《浙江外国语学院学报》2011 年第 6 期。

❷ 徐玲等：《英国高校教师专业发展对我国教师发展的启示》，《高等农业教育》2013 年第12 期。

❸ 石小军：《日本高校教师培养发展制度和实践的考察》，《现代大学教育》2017 年第 2 期。

展运行模式。总体来看，日本的教育发展制度主要围绕组织体系保障、教育内容方法改进和教师队伍资质提高❶三个方面展开，工作框架清晰，发展基本均衡，重点突出、以人为本、以师为先是其基本理念。日本教师发展制度的早期形态源自20世纪70年代高校群体自发的教育改良探讨和联合自律的相关活动，主要是对教师发展重要性及高等教育相关问题进行研讨，并达成一致共识。也就是说，日本的教师发展最初以讨论和培训的形式起步。20世纪90年代日本政府加大了政策和财力的支持，推动了高校教师发展得以顺利渐进。这一阶段高校自主开展的大学教育改进活动与日本政府的积极审慎的支持基本同步。教育发展培训开始在全国范围内兴起，一系列文件也得以出台，所有大学都被要求学习欧美大学的教育发展模式和内容。所有大学，上至校级管理层下到各学系，为使每一位教师都能够切实改进教育方法和内容，应定期组织各类研修，为教师提供机会和条件学习，且这一活动得到《大学设置基准》的保障。❷ 2004年4月《高校合格评价基准》将“以提高和改进教育质量为目标而构建的健全支持体系”列为大学评估与学位授予的指标之一，教师发展被抬升至硬性考核标准的位置。❸ 之后，一系列相关规定相继出台，最大限度地保障了大学教师改革的贯彻和实施。近年来，日本高校教师发展进入更高层次的细化、深入和完善阶段。高校教师发展研究中心数目急剧增长，包括教师评教制度、教师健康管理制度在内的、为提高教育

---

❶ 石小军：《日本高校教师培养发展制度和实践的考察》，《现代大学教育》2017年第2期。

❷ 石小军：《日本高校教师培养发展制度和实践的考察》，《现代大学教育》2017年第2期。

❸ 石小军：《日本高校教师培养发展制度和实践的考察》，《现代大学教育》2017年第2期。

质量而展开的调研实践双肩挑的工作体系也日臻完善。[1]

总体来看，日本政府始终保证物力财力的大幅投入及适时调整的扶助政策是日本教师发展工作取得重大发展的重要因素，也是其主要特点。“特别经费项目”“合作支援项目”“共同推进教育项目”是日本政府采用的主要扶持方式。

美、英、日三国的高等教育教师发展制度及其实践，各有得失优劣，都直接推动了各国高等教育的发展。全面客观了解他们的优劣，能够为我国大学教师发展、特别是高校思想政治理论课教师发展提供借鉴和启示。

---

[1] 石小军：《日本高校教师培养发展制度和实践的考察》，《现代大学教育》2017 年第 2 期。

CHAPTER 03 >> 第三章

构建概论课教师团队成长与责任担当机制

教师是立教之本、兴教之源。上好概论课，离不开一支政治素质过硬、业务能力精湛的专业化概论课教师队伍。党的十八大以来，以习近平同志为核心的党中央高度重视学校思想政治工作，注重加强思政课教师队伍建设，概论课教学团队建设作为思政课教学团队建设整体中的重要组成部分，近年来也取得了一些可喜的成绩，教师队伍持续壮大，结构不断优化。但是我们也应该看到存在的一些亟待解决的问题。其中，概论课教师团队的成长与责任担当机制不完善是制约概论课教学团队发展的一个重要因素。所以，本章在探讨概论课教学团队成长与责任担当机制内涵的基础上，分析目前概论课教学团队在教师成长与责任担当方面面临的挑战和存在的一些问题，并提出构建概论课教师团队成长与责任担当机制的思路。

第一节　教师的成长与责任担当是展现马克思主义真理力量的力量之源

教师的风骨就是一个民族的脊梁，它体现在教师的成长和责任担当中。❶ 教师的成长和责任担当，是展现马克思主义真理力量的力量之源。马克思主义本来就属于世界性的理论，它的最终目标是实现全人类的解放，概论课教师是实现马克思主义在世界范围内传播的关键源头。在过去，我们主要关注运用马克思主义解决中国的问题，关注马克思主义在中国的传播与发展。随着马克思主义中国化的理论成果——习近平新时代中国特色社会主义思想的形成，中国特色社会主义建设中所取得的成绩、对世界所作出的贡献逐渐为国际社会所认可和肯定，国际社会开始重新关注马克思主义尤其是马克思主义理论的中国化成果，马克思主义理论与实践逐渐进入国际化阶段。这就需要概论课教师加强责任意识，勇于担当历史使命，提高自身对外宣传和传播马克思主义的政治素养和能力。全力践行新时代概论课教师的责任担当，就是要在建设高水平概论课、做专业化创新型教师、做“四有”“六要”好老师、讲好概论课等方面竭尽全力，苦练内功，履职尽责。

一、概论课是落实立德树人的关键课程

习近平总书记指出：“思想政治理论课是落实立德树人根本任

---

❶ 苑梅香：《谈教师的责任担当——做大国工匠成长的铺路石》，《黑龙江教育学院学报》2017 年第 7 期。

务的关键课程。”[1] 高校思政课是立德树人的关键课程，概论课又是思政课中的重中之重，其作用不可替代。

1. 概论课是“立德管方向”的关键课程

“国无德不兴，人无德不立。”高尚的道德情操是个人立身、社会发展的基础，是整个国家、民族、社会向上向善的力量，承载着一个民族、一个国家的精神追求。崇德向善是中华民族的优秀品格。在5000年的漫漫求索中，中华民族孕育出了包括仁爱孝悌、谦和好礼、诚信知报、精忠爱国、克已奉公等在内的传统美德，是中华民族宝贵的精神财富。继承和发展中华优秀传统美德，是实现中华民族伟大复兴中国梦的必然要求。

品德修养对于大学生成长成才具有重要意义。要实现中华民族伟大复兴的中国梦，必须培养更多的优秀人才。优秀人才不仅要掌握丰富的知识和拥有高深的学问，还必须树立起崇高的理想和良好的品质。否则，就不能称之为优秀。因此，对于大学生来说，崇德修身是他们担当起中华民族复兴重任的基础。正如习近平同志所说：“人而无德，行之不远。没有良好的道德品质和思想修养，即使有丰富的知识、高深的学问，也难成大器。”[2] 因此，培养大学生良好的道德品质是高校思想政治理论课的重要任务。概论课就是这样的一门课程。

概论课的核心是用马克思主义理论教育学生投入中国特色社会主义建设并树立共产主义远大理想，坚定“四个自信”，厚植爱国主义情怀，加强品德修养，引导学生“明大德、守公德、严私

---

[1] 习近平：《用新时代中国特色社会主义思想铸魂育人 贯彻党的教育方针落实立德树人根本任务》，《人民日报》2019年3月19日第1版。

[2] 习近平：《干在实处 走在前列——推进浙江新发展的思考与实践》，中共中央党校出版社2006年版，第304页。

德”，坚定理想信念。通过讲授马克思主义中国化的历史进程及马克思主义在中国发展的历史贡献，让学生进一步坚定马克思主义理想信念；通过对中国共产党领导人民革命、建设、改革实践和经验的讲授，帮助学生进一步理解党的路线方针政策，增强大学生坚持党的全面领导的自觉性；通过讲授中国特色社会主义道路的形成与发展，进一步坚定学生的“四个自信”，等等。可以说，概论课教学的过程，就是培养大学生“明大德守公德严私德”的过程。就是让学生彻底明白中国共产党为什么“能”、马克思主义为什么“行”、中国特色社会主义为什么“好”的过程。概论课的育人功能是围绕“立德树人”进行并拓展的。面对大学生思想观念和价值取向多样多元并日趋活跃、社会思潮纷纭激荡的新形势，概论课的教育教学任务就是要把多元的价值取向统一到立德树人上来。

2. 概论课是铸魂塑“三观”的关键课程

引导大学生树立正确的世界观、人生观和价值观，是高校思想政治工作的核心任务。只有树立起正确的世界观、人生观和价值观，才能坚定社会主义的信念和树立远大的人生理想，才能抵制一切腐朽的世界观、人生观和价值观。“青少年阶段是人生的‘拔节孕穗期’，这一时期心智逐渐健全，思维进入最活跃状态，最需要精心引导和栽培”❶。因此，必须抓好大学生立心铸魂的工作、怎样引导大学生扣好人生的第一粒扣子，是概论课教师必须思考的重要问题。

总体来看，当代大学生的世界观、人生观和价值观的主流是好的。多数大学生能够认识到人生价值、社会责任和社会贡献的

---

❶ 习近平：《思政课是落实立德树人根本任务的关键课程》，《求是》2020 年第 17 期。

统一，人生价值取向积极健康，家国情怀和社会责任感不断增强，对未来发展的信心持续增强。在新冠肺炎疫情的防控中，他们用自己的实际行动，践行着新时代大学生的责任与担当。但是，市场经济的冲击、国内外各种错误思潮的影响以及网络的深度嵌入，"人生苦短、应及时行乐"为代表的享乐主义人生观和以"一朝成锦鲤，奋斗少十年"为代表的机会主义人生观[1]对学生影响较大，部分学生因"内卷"而迷茫、人生价值功利化等问题值得关注。

要解决这些问题，必须引导大学生树立正确的世界观、人生观和价值观。学好马克思主义理论、践行社会主义核心价值观是引导学生树立正确"三观"的前提。而概论课的教学内容主要是通过讲清楚马克思主义的基本理论，以马克思主义真理的力量和思想的魅力作为塑造大学生"三观"的理论基础，以社会主义核心价值观引领大学生健康成长。因此，在引导学生求得真学问、加强道德修养等方面，概论课的作用不可替代。

3. 概论课是强健精神的关键课程

习近平总书记指出："实现中华民族伟大复兴的中国梦，物质财富要极大丰富，精神财富也要极大丰富。"[2] 总书记的话告诉我们，强大的精神力量和价值支撑是实现国家富强和民族复兴的基础。大学生是青年群体中的中坚力量，肩负着实现中华民族伟大复兴中国梦的重任。"中华民族伟大复兴的中国梦始终将在一代代青年的接力奋斗中变为现实。"[3] 高校必须把青年大学生培养成新

---

[1] 李艳飞：《当代大学生人生观的现状分析与教育对策》，《思想理论教育》2021年第12期。

[2] 《习近平谈治国理政》第2卷，外文出版社，2017，第323页。

[3] 中共中央党史和文献研究室：《十九大以来重要文献选编》（上），中央文献出版社，2019，第49页。

时代的追梦人、圆梦者。而“人才培养一定是育人和育才相统一的过程，而育人是本。”❶ 因此，高校人才培养必须坚持育人和育才相统一。育人的目标是立德树人，核心是强健精神。培养教育新时代大学生要有爱国情、强国志、报国行，这是概论课的核心任务和最终目标。新时代大学生必须拥有强健的精神，才能走在新时代前列、并同人民群众一道，担负起历史赋予的重任，才能积极投身于中国特色社会主义伟大事业。

综上所述，概论课不仅是“立德管方向”的关键课程，更是青少年铸魂塑“三观”、强健精神的关键课程。因此，新时代概论课教师的责任担当首先就要在建设高水平概论课方面竭尽全力，苦练内功，履职尽责，不辜负党和人民赋予高校思想政治理论课教师的神圣职责。

二、概论课教师必须具备较高的思想政治素质

习近平总书记强调：“国家繁荣、民族振兴、教育发展，需要我们大力培养造就一支师德高尚、业务精湛、结构合理、充满活力的高素质专业化教师队伍，需要涌现一大批好老师。”❷ 要讲好概论课，担负起概论课立德树人的重任，概论课教师也要不断提高自身的思想政治素质。

概论课教师坚持政治正确是第一要求。和其他思政课一样，概论课属于意识形态的范畴，必须坚持为党服务、为社会主义服务的基本立场。要当好学生的引路人，概论课教师必须真懂、真信、真用马克思主义理论，必须有坚定的政治立场。具体来看，

---

❶ 习近平：《在北京大学师生座谈会的讲话》，《人民日报》2018 年 5 月 3 日第 2 版。

❷ 习近平：《做党和人民满意的好老师——同北京师范大学师生代表座谈时的讲话》，人民出版社，2014，第 4 页。

主要包括如下几个方面：

一是理想信念坚定。概论课教师要做共产主义远大理想、中国特色社会主义共同理想的坚定信仰者和忠实实践者。理想信念坚定是支撑概论课教师前行的重要条件。价值取向日益多元的今天，概论课教师必须用远大的志向、坚定的理想引领学生前行。概论课不仅仅是知识的传授，还要通过知识的建构深化学生对马克思主义理论、马克思主义中国化成果的认知，最终达到对马克思主义的信仰。所以，概论课教师要带着信仰上课，要播撒阳光到学生心中，贴近学生成长的认知和期待，做到春风化雨入心田。[1]

二是道德情操高尚。“老师对学生的影响，离不开老师的学识和能力，更离不开老师为人处世、于国于民、于公于私所持的价值观。”[2] 老师是学生道德修养的镜子。因此，概论课教师必须做师德高尚的人，应该成为以德施教、以德立身的楷模，应该用模范的言行举止、高尚的人格魅力去影响学生。

三是专业知识扎实。概论课教师有较高的思想政治素养，还表现在具备广博的思想政治教育知识。古人云：“水之积也不厚，则其负大舟也无力。”具备扎实的专业知识，是概论课教师传道授业的基本前提。概论课老师有运用马克思主义的理论知识，根据学生的认知特点，选择合适的教学方法，以满足学生的知识需求。概论课教师要熟练掌握并运用马克思主义理论分析中国革命、建设和改革中遇到的各种矛盾和问题，并把它传授给学生，引导学生走向未来。

四是创新思维较强。要提升概论课教学的实效性，必须着力推进概论课教材体系和教学体系的创新，对教学内容进行专题化

---

[1] 张树林：《思政课教师应具备四种素养》，《泰州日报》2021 年 1 月 27 日第 6 版。
[2] 习近平：《做和人民满意的好老师》，《人民日报》2014 年 9 月 10 日第 2 版。

设计和架构。因此，概论课教师必须有较强的创新思维。要结合学生的认知规律和接受特点，及时把马克思主义中国化的最新理论成果、新时代中国特色社会主义伟大事业的最新实践成果、哲学社会科学发展的最新学术成果以及具有区域特点和自身特色的相关育人元素等有机融入整个概论课教学内容，努力提升概论课教学的思想性、理论性和亲和力、针对性，增强课堂效果和学生满意度，使概论课的教学能够有效地满足学生的发展需求。要确保概论课内容的政治性、科学性和针对性，及时传达和解释中央精神，用学术话语讲好政治内容，并用知识传授承载起价值引领的目标，必须瞄准学生的思想困惑，直面学生的思想问题答疑解惑。要讲好中国故事，讲深、讲透、讲活中国道理。要旗帜鲜明地反对错误思潮，并进行正本清源。强化问题导向，创新概论课跨学科授课模式，增强教学效果。

三、高校概论课教师必须发挥思想政治教育的主体作用

对概论课教师主体作用的认识，可以追溯到我国古代的教育观。其中，以荀子“贵师重傅”的观点为代表。荀子从教师的身份地位出发，突出强调教师在教育中的主导作用，提出：“国将兴，必贵师而重傅……国将衰，必贱师而轻傅。”❶ 近现代，著名的美国教育学家杜威认为：“实际上，教师是一个社会团体的明智的领导者……认为自由原则使学生具有特权，而教师被划在圈外，必须放弃他所有的领导权力，这不过是一个愚蠢的念头。”❷ 杜威

---

❶ 文心工作室：《中文经典100句：荀子》，上海三联书店，2019，第150页。

❷ ［美］杜威著、姜文闵译：《我们怎样思维·经验与教育》，人民教育出版社，1991，第227－228页。

明确批判自由原则对教师重要作用的否定，他认为教师是学生的领导者。就思想政治教育而言，无论是荀子的“贵师重傅”说还是杜威的观点，对我们正确地看待概论课教师作为思想政治教育主体的作用具有一定参考价值。

对概论课发挥思想政治教育主体作用的正确认识，应当从以下几个方面理解：

第一，概论课教师主体性发挥的核心是尊重学生的理智与人格。概论课教师在思想政治教育实践中不仅要尊重学生的理智和人格，与学生平等对话，而且也要把自己当作学生，以谦虚的态度探究思想政治教育工作，不断提升思想政治教育教学所必需的技能和技巧。否则不仅不可能实现思想政治教育的真正效果，还会具有反教育的危险。

第二，概论课教师作为思想政治教育主体的价值体现在对学生的正确引导上。一个合格且优秀的概论课教师不仅要做到与学生人格上的平等，更不能放弃自己作为学生价值成长的引导者的使命。换言之，概论课教师不仅是学生成长道路上的“朋友”，而且应当是学生的“导师”。概论课教师有责任传授学生正确的思想政治教育理论，引导学生扣好人生的第一粒扣子，培养学生正确的人生观、价值观、世界观。

第三，概论课教师主体性发挥的关键之一是正确处理好尊重学生和价值引导之间的关系。教育不仅是一门严谨的科学，同时也是一门极具智慧的艺术。在思想政治教育过程中如何实事求是，既保证实现思想政治教育的效果，又能构建平等和谐的师生关系，对概论课教师而言，必须具备两个方面的素养。一方面是概论课教师的教育水平，包括教师的教育信念、教育观念和教育技能等。另一更为重要的方面则是概论课教师的道德素养，即个人的道德修养和职业道德修养。

四、概论课必须推进改革创新

高校概论课教师要讲好概论课必须推进改革创新，对概论课的改革创新，习近平总书记提出了“增强思政课的思想性、理论性和亲和力、针对性”的新要求，并指明了实现这一要求的新路径，概括起来就是要坚持“八个相统一”，即“坚持政治性和学理性相统一”“坚持价值性和知识性相统一”“坚持建设性与批判性相统一”“坚持理论性和实践性相统一”“坚持统一性和多样性相统一”“坚持主导性和主体性相统一”“坚持灌输性和启发性相统一”“坚持显性教育和隐性教育相统一”[1]。“八个相统一”既是以习近平同志为核心的党中央对思政课、思政课教师的高度重视和殷切期望，也是对思政课、思政课教师提出的更高标准和更高要求；既是思政课教师改革创新的基本原则、基本遵循，也是实现路径、基本方法。在概论课的教学改革中，要把“八个相统一”贯彻其中，并落实到每一堂课上。概论课教师要提高政治站位，吃透“八个相统一”的精神实质，勇于创新突破、攻坚克难。在概论课教学建设中把握好概论课的思想政治性、理论性和课程性。把握思想政治性，就是坚持概论课的思想性、政治性、意识形态性；把握理论性，就是在概论课教学中突出学术性、逻辑性，以理服人；把握课程性，就是要在教学内容和方法上，贴近大学生的思想实际、生活实际和感情实际，以情动人，备课备到学生心里去；在教学管理上，强调课程教学的严肃性和规范性，切实提升概论课的教学实效性。

---

[1] 习近平：《用新时代中国特色社会主义思想铸魂育人 贯彻党的教育方针落实立德树人根本任务》，《人民日报》2019 年 3 月 19 日第 1 版。

第二节　当前概论课教师成长与责任担当面临的机遇与挑战

概论课教师成长与责任担当机制建设是教师利用内部和外部资源不断积累的一个过程。总体而言，高校的概论课教师成长机制与责任担当机制建设拥有国家和社会提供的一个良好的外部条件，国家高度重视高校的思想政治教育工作，互联网为概论课教师的成长提供了一个良好的平台，等等，这些都是概论课教学团队建设面临的机遇。但是，我们也要清醒地看到面临的严峻形势，比如概论课教师知识和思想缺乏、课堂教学过多注重形式、教师学术修养不高、教师培训制度落实不严等问题普遍存在。国家、社会和高校只有正确认识到概论课教师成长与责任担当机制建设面临的机遇与挑战，才能对症下药，建设一支高水平的“概论”教学团队。

一、概论课教师成长与责任担当面临的机遇

1. 党和政府进一步明确了概论课教师的责任担当

“教师承担着传播知识、传播思想、传播真理的历史使命，肩负着塑造灵魂、塑造生命、塑造人的时代重任，是教育发展的第一资源，是国家富强、民族振兴、人民幸福的重要基石”[1]。党的十八大以来，党和政府十分重视思想政治教育工作，就高校思想政

---

[1] 《中共中央 国务院关于全面深化新时代教师队伍建设改革的意见》，2018－01－31 http://www.gov.cn/gongbao/content/2018/content_5266234.htm。

治理论课及思政课教师队伍建设发布了一系列重要文件，习近平总书记更是系统阐释了新时代思政课教师的历史使命。特别是在2019年3月召开的全国思政课教师座谈会上，习近平总书记明确了高校思政课教师用习近平新时代中国特色社会主义思想铸魂育人、立德树人的新使命。这让我们进一步明确：高校思政课教师是思想政治教育的重要力量，不但要传播党的先进思想文化，而且要引导学生树立科学的世界观、人生观、价值观，进而培养担当民族复兴大任的高层次人才。高校思政课教师要认清新时代自身肩负的历史使命，强化自身的基本素质建设，全面履行思政课教师的责任担当。❶

2. 红色文化与概论课教学内容的糅合丰富了教师成长可以利用的教育资源

红色文化是中国共产党在领导革命、建设和改革进程中创造的、极具中国特色的先进文化。科学性、先进性、时代性、实践性是其基本特征。作为中华民族优秀传统文化的组成部分，红色文化资源的核心和灵魂就在于爱国爱党爱社会主义。红色资源所蕴涵的爱国主义、革命英雄主义和集体主义精神已经沉淀并凝练为社会主义核心价值观，是激励和启迪当代大学生沿着先辈足迹奋勇前进的动力之源。❷

红色文化主要是指中国共产党百年奋斗历史进程中所涌现的先进人物和发生的重大历史事件。其主要表征是许多可歌可泣的英雄人物、革命旧址或遗址、纪念馆、博物馆以及爱国主义教育

---

❶ 何洁：《新时代高校思想政治理论课教师的历史使命和责任担当》，《继续教育研究》2019年第4期。

❷ 占毅：《红色资源融入高校思想政治理论课教育教学探究》，《思想教育研究》2016年第1期。

基地。红色文化是革命先烈在中国共产党波澜壮阔的百年奋斗历史中用鲜血与汗水凝聚而成的，承载着几代中国共产党人的共同记忆，也体现了中华民族的精神品格和中国共产党的优良传统，给青年大学生留下了非常宝贵的教育资源和精神营养。正是如此，习近平总书记才特别强调："历史是最好的教科书。对我们共产党人来说，中国革命历史是最好的营养剂。多重温这些伟大历史，心中就会增加很多正能量。"[1]

红色文化在概论课教学中的运用有利于提升学生的获得感。红色文化是概论课教学的基石。在高校概论课教学中，深入挖掘红色资源，把教材内容同有关红色资源有机糅合，有助于教学内容的具体化和生动化，达到以理服人、以情感人的效果。通过与红色文化资源的对话与碰撞，大学生可以更好地感受其中蕴藏着的正能量，更深刻地了解党的发展历程与中国特色社会主义的演进轨迹，提升大学生的获得感。这些鲜活的红色历史文化都是高校概论课教育教学不可或缺的有效载体，大学生可以在与红色资源载体的对话和碰撞中自觉培育社会主义核心价值观，使教学形式更加生动，教学内容更加丰富，教学效果更加明显。

概论课实践教学中对红色文化资源的挖掘利用所取得的成效更为明显。我国红色文化资源非常丰富，遍布全国各地，是取之不尽、用之不竭的教育宝库。大部分高校所在地或周边地区都拥有红色文化资源，还有些高校本身就是一部红色文化发展史。讲红色革命故事、唱红色革命歌曲、读红色革命诗歌是概论课师可以选择利用的实践教学资源。青年大学生在红色资源实地的学习、考察和调研，对坚定青年大学生理想信念、弘扬爱国主义思想、

---

[1] 李斌：《党面临的赶考远未结束——习近平总书记再访西柏坡侧记》，《中国青年报》2013 年 7 月 14 日第 1 版。

提升法治素养具有重要意义。因此，高校概论课教师必须充分利用红色资源实地开展实践教学，搭建红色资源开发应用平台，协同创新概论课教学新范式，多措并举地提升概论课对当代大学生的吸引力、感召力和影响力，增强概论课教育教学的鲜活性、生动性和实效性。

3. “互联网 +”为概论课教师成长提供了重要平台

习近平总书记指出：“‘大思政课’我们要善用之，一定要跟现实结合起来。”❶“互联网 +”时代的到来，为各行各业利用信息技术及互联网平台创造新的发展生态成为可能。概论课也逐步与互联网结合，打造了“互联网 + 思政”的教学模式，给概论课教师的成长提供了一个重要平台。

一是为概论课教师提供了更为快捷的学习方式。知识存储的海量性和获取的便捷性是互联网的显著特征，这为概论课教师提供了便捷的学习方式。随着“互联网 +”的到来，传统教学模式中优质、分散、封闭的教育资源逐渐通过互联网的运用，实现了最大限度的集中化、共享化和开放化。概论课教师只要拥有一个与网络连接的移动终端，就可以很容易地建立起一个巨大的知识宝库，从中快捷地获取大量的教学资源。这些优秀教学课件、名师课程、教学案例、教学视频成为概论课成长的精神养料。

二是提高了概论课教师学习的积极性和学习效率。互联网不仅为概论课教师提供了海量学习资源，而且也为概论课教师自助式学习提供了可能性。和传统学习模式不同，互联网没有时间、地域、学科的限制，实现了优质学习资源的流通。概论课教师可

❶ 杜尚泽：《“大思政课”我们要善用之》，《人民日报》2021 年 3 月 7 日第 1 版。

以根据自己的意愿，灵活选择听课时间、地点和授课老师。这种自助式学习有利于克服传统学习中“一刀切”的弊端，让老师可以有针对性地进行学习。同时，概论课教师在学习过程中可以自主安排学习节奏，尤其在视频学习过程中，遇到不懂、难懂的问题，可以停下来分析思考，反复听专家讲解，或在线寻求专家学者的帮助，提高了概论课教师学习的积极性和学习效率。

三是有利于开阔概论课教师的眼界。互联网另一突出的优势是信息分享的开放性和交流的即时性。这一优势能够解决由于信息交流闭塞给概论课教师带来的学习困境，为概论课教师学习提供了更广阔的空间。互联网是一个强大的信息交流平台，概论课可以通过互联网进行信息共享，开展交流，从而为概论课教师的学习成长提供交互式学习环境。目前，各种教师论坛、网络研修平台、教学网站等便于概论课交流沟通的平台相继建成，从而为概论课教师与全国各地的教师交流与合作提供了机会。由于没有时间的限制，交流内容覆盖概论课教育教学的方方面面，主要包括：概论课教学方法和策略的探讨，教学体系的构建、教育理念的创新、学生心理的研究、课程资源的挖掘、实践教学的创新等内容。这些平台成为概论课教师知识、思维、智慧交流和成长的良好平台。尤其是新冠肺炎疫情发生以来，通过互联网交流学习更成为一种常见模式。马克思主义理论的许多重大学术会议也利用互联网展开，从而让概论课教师有更多的机会参加各种学术盛宴，为概论课教师进行跨时空学习交流、开阔眼界提供了机会。

二、概论课教师成长与责任担当面临的挑战

随着教育事业的发展，有学上、有书读的问题逐步解决，上

好学、读好书的问题成为最突出的矛盾。解决问题的根本出路在于发展高质量的教育，提升教育的内涵。而提高教育质量的关键在教师，在于提高教师队伍的整体素质和水平。因此，有优秀的概论课教师队伍，才能担负着向学生进行理想、信念教育的重任，才能办好让人民满意的教育。

近年来，概论课教师队伍建设面临的困难逐步得到解决，教师教育的淡化、弱化、边缘化的趋势正在扭转，正在向好的方向发展，教师教育工作外部条件、社会氛围也在逐步好转。但我们也要清醒地看到面临的严峻形势。概论课教师队伍整体上还不能适应教育事业改革发展的紧迫要求。一些深层次的问题和实际困难还没有得到根本的解决，严重制约着教师队伍整体素质的提升，已经成为制约教育发展的瓶颈因素。

1. 概论课教师知识与思想缺失普遍存在

受传统教学模式的影响，概论课教师特别善于理论知识的讲解和传授。但是，由于长期的大班上课，讨论式教学和启发式教学等突出学生主体作用的教学方法很难实施，对教师的组织、开展和引导学生自主学习的经验和能力产生了不利影响。但是，由于学生对课堂教学的要求各异，概论课教师要把一部分曾经在课堂上完成的任务交给学生课外完成，以发挥学生的主体作用。而教师则可以把精力集中于教学主题、内容的深化和学生思想动向的觉察和引导、“微课堂”的制作等方面。这就需要概论课教师要熟知网络发展的新动向，会使用最为流行的网络交流方式与学生建立沟通和交流渠道，以利于及时了解学生的学习和思想发展动向，及时进行引导和指导。但是，部分教师因为学习不够，驾驭互联网技术的能力欠缺。虽然类似于慕课这样的网络平台给概论课教师提供了合理运用和共享优势资源的机会，但依然会对教学造成一定的负面影响。

由于部分教师学术研究不够，对概论课教学中所涉及的知识了解不够全面，或者准备不够充分，缺乏融会贯通的能力，教学中只会讲解教材涉及的相关知识点，但拓展不够。还有的教师教学重点和难点讲不清楚，对教材所涉及内容的研究现状了解不多，严重影响了教学的可靠性和严肃性。

2. 概论课教师课程培训和专业能力提升机制建设有待进一步加强

强化概论课教师课程培训和专业能力提升机制建设是促进概论课教师成长的重要途径。在现有高校思政课中，概论课教学内容与国家政策结合最为紧密。因此，教材变化也最快。尤其是随着马克思主义中国化时代化最新成果的形成，概论课教师及时更新知识体系、准确把握党的方针政策成为迫切需要。现在正处于高校专业调整、认证的重要时期，专业教学模式以及专业教学内容调整幅度很大，部分概论课教师没能较好适应专业教学的转型。因此，加强课程培训和提升专业能力成为高校必须做好的一件重要工作。但是，由于经费短缺、软件设施不足以及指标的限制，概论课教师外出参加培训的机会仍然有限。以笔者所在学校为例，每年最多有两个教师参加教育部组织的课程培训。教研部现有教学人员如果全部参加完这种培训，至少需要 8 年时间。这对于教师知识体系的更新极为不利。虽然现在网络培训机会很多，但时间的冲突、琐碎事务的干扰成为制约教师接受更多培训的主要因素。

与此同时，由于专业实践培训和提升机制的缺乏，部分教师极少或根本没有专业实践的机会和平台。虽然很多教师的专业理论水平较高，却无法将专业知识与社会应用紧密结合，更不能把自己所学知识真正服务于国家和社会的发展。这些问题的存在，导致教师自我提升专业素养的主观能力意识受到抑制，限制了概论课教师的进一步成长。

3. 青年“概论”教师独立承担科研工作的能力有待提高

独立的科研能力是教师立身之本。要成为学生喜欢的、可敬、可亲、可爱的概论课教师，必须要有一定的学术修炼作为基础。否则，抬头率、点头率的提高就是一句空话。没有科研基础的教学，“给人留下的也往往与快餐文化没有多大区别——观众哈哈一乐之后便很快烟消云散”。[1] 因此，提高青年教师独立承担科研工作的能力是教师成长过程中必须做好的一项基础性工作。

一般而言，部属高校及地方高校新引进的思政课教师基本上以博士为主，而高职院校则还引进大量硕士。青年教师尽管在攻读学位期间在导师指导下开展过科研工作，但独立开展科研工作的经验不足，部分教师科研意识不强，主动性不够。根本成因主要有以下几点：其一是青年概论课教师职业责任感和使命感不强。部分教师刚走出学校，深感教学技能缺乏，精力主要集中于教学技能的提升上，导致职业责任感和使命感不强。其二是自我优势和缺点认识不清。部分概论课教师对自己存在的缺点和不足认识不清，优势把握不准，学习和研究针对性不强，影响了自己的科研能力。其三是青年教师未来发展方向不明确。由于科研经验不足，对国家、地方政府工作的方针、政策和战略重点缺乏足够了解，导致科研定位不准，影响了科研选题的确定。其四是青年教师职业时间短，关联资源少，利用环境和社会关系的经验不足，

---

[1] 程美东：《让真理和思想的光辉照亮思想政治理论课课堂——基于 2017 年教育部思想政治理论课大听课的一点思考》，《思想教育研究》2017 年第 7 期。

无法从有限的资源环境中寻求自己的发展空间和途径，再次增加了职业的挫败感，科研信心大大降低。❶

4. 教师专业发展自主性、主动性不足

由于学校的强制性要求、教师教学任务繁重、没有时间保障等原因，导致教师产生应付心理。一般来说，学校要求教师每学年必须积累一定的专业发展时间或学分，但部分教师为日常事务和想要维持现状的惰性所束缚，面对学校的要求，老师们考虑的是“我如何凑够我的时间?”去完成专业发展学习，而不是“我需要什么来完善我的实践？我如何得到它”？很明显，部分教师只是在形式上参与专业发展活动，而缺乏足够的自主性和主动性。有学者从如下几个方面概括了其主要表现：有些教师没有制订个人的专业发展规划，没有个人发展的目标，仅仅是完成教学任务；有的教师虽然制订了发展规划，但是不能按照规划执行：教师没有真正参与到专业发展中来，没有积极主动地自主发展，如在学校开展的专业发展活动中，有些教师处于被动状态，表现出应付心理，不能实现专业发展活动的真正价值；研究的意识不强，不能用心去作研究，而是对学校的强制性要求敷衍塞责；有些教师属于外在激励型，如果外部激励功能缺失，他们就会失去自我发展的动力。❷

概论课教师队伍建设工作遇到的困难和问题，既有长期遗留下来的结构性、体制性的老问题，也有改革发展过程中出现的新问题。欣喜的是，长期困扰教师队伍建设的大环境正在逐步改善，解决问题的条件渐趋成熟，教师工作面临大好的发展机遇。我们

---

❶ 蒋静智、崔海亭：《高校青年教师成长面临的问题及解决途径探讨》，《中国电力教育》2013 年第 34 期。

❷ 孙萍：《新形势下教师专业发展的全方位探究》，吉林大学出版社，2018，第 186 页。

要深刻分析和正确判断所面临的形势和问题，正确把握新时期概论课教师队伍建设和教师教育创新发展的方向，抢抓机遇，积极主动、创造性地工作，一步一个脚印扎扎实实地推进教师队伍建设。

第三节 构建概论课教师团队成长与责任担当机制的思路

高校概论课教师是一个具有强烈精神需求的群体，要培养一支高素质、专业化的概论课教学团队必须注重教师的成长与责任机制建设，使教师成长有平台、发展有空间。这些机制包括准入与退出机制、培训与提升机制、学习与研究机制、责任担当机制。必须从这几个方面入手，构建完善的概论课教师团队成长与责任担当体系，让教师在团队的学术交流、问题研讨、合作交流中实现专业成长的自我价值追求。

一、以“六个要求”为依据，建立概论课教师准入与退出机制

2019 年 3 月 18 日，习近平总书记主持召开了学校思想政治理论课教师座谈会，提出了当好新时代思想政治理论课教师的“六个要求”，对思想政治理论课教师提出了殷切期望，为加强思想政治理论课教师队伍建设指明了方向。概论课教师承担着教书育人、培养社会主义建设者和接班人以及提高民族素质的重要使命，概论课教师职业道德水平的高低直接影响到教师的职业价值和人才的培养质量。要想成为一名好教师，必须要有理想信念、有道德

情操、有扎实学识、有仁爱之心。马克思主义理论学科的特殊性决定了概论课教师的准入不仅满足于拥有教师资格证书，更重要的是要有较高的政治定位、较深的家国情怀和较为高尚的人格。为此，必须以习近平总书记的“六个要求”为标准，建立健全教师准入与退出机制。

1、“六个要求”的具体内涵

“六个要求”是对习近平总书记在2019年3月18日学校思想政治理论课教师座谈会上提出的“政治要强、情怀要深、思维要新、视野要广、自律要严、人格要正”要求的简称。以“六个要求”为依据建立准入与退出机制，必须深刻理解“六个要求”的内涵。

一是政治要强。政治要强是总书记“六个要求”中居于第一位的要求。这彰显了“政治标准”对于思政课教师的重要性。所谓“政治要强”，就是指概论课教师必须有坚定的政治信仰、正确的政治立场、高度的政治责任心和政治敏锐性。也就是习近平总书记所说的“让有信仰的人讲信仰，善于从政治上看问题，在大是大非面前保持政治清醒”。[1] 因此，概论课教师必须把强化自身的政治素质作为第一位的任务。政治素质是一个人政治立场、政治态度、政治信仰的集中体现，是通过个体言行表现出来的具有稳定性倾向的政治品质。[2] 概论课是巩固马克思主义在意识形态领域指导地位的主阵地，是马克思主义理论教育的主渠道。概论课

---

[1] 习近平：《用新时代中国特色社会主义思想铸魂育人 贯彻党的教育方针落实立德树人根本任务》，《人民日报》2019年3月19日第1版。

[2] 秦书生等：《当代新时代高校思想政治理论课教师的“六个要求”——学习习近平在学校思想政治理论课教师座谈会上的重要讲话》，《现代教育管理》2019年第8期。

教师政治素质高低关系到中华民族“梦之队”的打造，关系高质量教育事业的发展，关系到学校立德树人工作的推进，直接影响到学生的内心正确价值理论的形成。概论课肩负的特殊历史使命要求教师必须政治过硬。过硬的政治素质是概论课教师应该具备的首要素质。因此，概论课教师要牢固树立马克思主义信仰，要加强对马克思主义文本的学习，将学习马克思主义当作一种习惯。

二是情怀要深。习近平总书记指出：“情怀要深，保持家国情怀，心里装着国家和民族，在党和人民的伟大实践中关注时代、关注社会，汲取养分、丰富思想。”❶ 家国情怀是指个体对其国家、民族所表现出来的深切之情，体现了对国家和民族的高度认同感、归属感、责任感、使命感❷。中国人历来抱有家国情怀。中国优秀传统文化中，有许多关于家国情怀的生动表达。如：“为天地立心，为生民立命，为往圣继绝学，为万世开太平”，“天下兴亡，匹夫有责”等都是家国情怀的精髓所在。家是最小国，国是千万家，强调的就是“家国一体”。为此，必须像爱自己的家庭一样爱祖国。

作为一种国家意识和民族精神，家国情怀潜移默化地影响了一代又一代中国人，成为激励中国人民努力奋斗的精神力量。但是，不同时期的家国情怀呈现不同的思想内涵。家国情怀与爱国主义思想一脉相承，是社会主义核心价值观的重要内容。为此，概论课教师要有精神涵养、宽阔的胸怀，心中始终装着家与国，成为有情怀的引路人。一是心怀家国、关注社会。要把国家、社

---

❶ 习近平：《用新时代中国特色社会主义思想铸魂育人 贯彻党的教育方针落实立德树人根本任务》，《人民日报》2019 年 3 月 19 日第 1 版。

❷ 秦书生等：《当代新时代高校思想政治理论课教师的“六个要求”——学习习近平在学校思想政治理论课教师座谈会上的重要讲话》，《现代教育管理》2019 年第 8 期。

会时刻装在心里，时时处处维护国家和民族利益，要引导学生把爱国情、报国志、报国行自觉融入中国特色社会主义伟大事业中去。二是概论课教师要有爱岗敬业的情怀。概论课教师承担立德树人、培养社会主义现代化事业的建设者和接班人的历史使命，概论课教师要坚持用马克思主义理论、马克思主义中国化最新成果教育学生，自觉弘扬家国情怀的主旋律，增强大学生的爱国意识。

三是思维要新。习近平总书记指出："思维要新，学会辩证唯物主义和历史唯物主义，创新课堂教学。给学生深刻的学习体验，引导学生树立正确的理想信念、学会正确的思维方法。"[1] 这实际上就是要求概论课教师要在准备把握时代变化带来的教与学、师与生关系变动的基础上，充分利用"互联网 +"时代教育发展的大好机遇，创新教育教学方式。一是在学好辩证唯主义和历史唯物主义的基础上创新思维。同时，还要接受新思维，能够及时为自己的教学注入新鲜血液。二是更新概论课教学模式。充分利用新媒体技术，大力发展线上线下混合式教学模式。三是及时把马克思主义中国化最新成果和党的最新政策融入教学内容。四是转变"填鸭式"教育方式，利用体验式教学，实现教师互动，采用多样化教学方式。五是要创新话语体系，用生动的语言、活泼的形式增强教学的感染力和吸引力。[2]

四是视野要广。习近平总书记指出："视野要广，有知识视野、国际视野、历史视野，通过生动、深入、具体的纵横比较，

[1] 习近平：《用新时代中国特色社会主义思想铸魂育人 贯彻党的教育方针落实立德树人根本任务》，《人民日报》2019 年 3 月 19 日第 1 版。

[2] 秦书生等：《当代新时代高校思想政治理论课教师的"六个要求"——学习习近平在学校思想政治理论课教师座谈会上的重要讲话》，《现代教育管理》2019 年第 8 期。

把一些道理讲明白、讲清楚。”❶ 视野要广是把道理讲明白、讲清楚的前提条件。概论课话语具有理论阐释和政治导向的双重效果。❷ 政治性强，语言表述较为抽象和宏大，构建用学术讲政治的话语格局，是避免把概论课讲成简单的政治宣传的重要条件。这就要求教师要有学贯中西、贯通古今的知识储备，善于挖掘概论课教学内容的丰富内涵，既要把教学中的知识点讲清楚，更要把基本理论背后的深层次问题讲明白，要让学生做到“知其然，并知其所以然”，避免教学内容的过于抽象化、空洞化和教条化。同时，概论课教师要广泛涉猎政治、经济、文化、社会等各种类型知识，争取做到上知天文下知地理，并能触类旁通。同时，概论课教师要与时俱进提升理论水平和育人能力，积极主动吸纳新知识，更新自己的知识结构，使自己具备深厚的知识素养，包括政治理论修养、精深的学科专业知识、广博的科学文化知识，只有这样才能将一些道理给学生讲透彻。视野要广，一定程度上就是强调教师要具备更多的知识储备，即学贯中西、贯通古今。

五是自律要严。习近平总书记指出：“自律要严，做到课上课下一致、网上网下一致，自觉弘扬主旋律，积极传递正能量。”❸ 概论课教师要想感化和吸引学生，必须做到言传身教。也就是说，概论课教师要做到言教和身教的高度统一。在用学识授课的同时，更要用高尚的道德情操教育和引领学生。所以概论课教师必须成为思想上、政治上同党中央保持高度一致的表率，必须成为学术

---

❶ 习近平：《用新时代中国特色社会主义思想铸魂育人 贯彻党的教育方针落实立德树人根本任务》，《人民日报》2019 年 3 月 18 日第 1 版。

❷ 张丽：《基于“八个相统一”原则的“毛泽东思想和中国特色社会主义理论体系概论”课教学话语改革研究》，《黑龙江教育（高教研究与评估）》2011 年第 7 期。

❸ 习近平：《用新时代中国特色社会主义思想铸魂育人 贯彻党的教育方针落实立德树人根本任务》，《人民日报》2019 年 3 月 19 日第 1 版。

研究的先锋，必须成为社会主义核心价值观的践行者，必须成为知行合一、严格自律的表率。

六是人格要正。习近平总书记指出："人格要正，有人格，才有吸引力。亲其师，才能信其道。要有堂堂正正的人格，用高尚的人格感染学生、赢得学生，用真理的力量感召学生，以深厚的理论功底赢得学生，自觉做为学为人的表率，做让学生喜爱的人。"[1]"正人者，先正己。其身正，不令而行"。人格要正是概论课教师提升教学实效性的根基。为此，概论课教师要想感染学生、赢得学生、成为学生的良师益友，必须拥有高尚人格。概论课教师人格要正，主要是使概论课教师自觉成为"有信仰的人"，有大爱在德在情怀的人，能够担负起"培养德智体美劳全面发展的社会主义建设者和接班人"使命的人。[2]概论课教师要热爱教育事业，只有热爱，才能够全心全意投入。概论课教师要加强师德师风建设，严格遵守纪律法规，言行一致，追求上进。概论课教师要用真理的力量感召学生，要用深厚的理论功底赢得学生。

2. 以"六个要求"为标准，完善概论课教师准入与退出机制

和其他专业教师一样，概论课教师资格的基本准入机制主要是学历和资格考试。[3]教师资格考试包含了职业道德的相关内容，但书面形式的规定不一定能对教师教书育人的行为形成实质性约束。更值得注意的是，教师退出机制尚未完全形成，教师队伍中不符合资格要求的现象并没有受到相应处置。概论课的政治性对

[1] 习近平：《用新时代中国特色社会主义思想铸魂育人 贯彻党的教育方针落实立德树人根本任务》，《人民日报》2019 年 3 月 19 日第 1 版。

[2] 张国启：《新时代思想政治理论课教师"人格要正"的逻辑内涵及培育理路》，《思想理论教育》2019 年第 7 期。

[3] 李丽：《关于建立教师职业道德准入和退出机制的思考》，《中国人才》2010 年第 22 期。

教师的政治素质提出更高要求。如何完善概论课教师的准入与退出机制，是高校必须思考的一个重要问题。“六个要求”寄托了习近平总书记对思政课教师的殷切期望，也为建立概论课教师准入机制提供了思路，高校应该以此为标准，构建概论课教师准入与退出机制。

在概论课教师的准入机制中如何体现出习近平总书记的“六个要求”呢？相关部门要制定严格的概论课教师聘用标准，严格选人用人制度，将政治素质作为概论课教师从业的首要标准和最低要求。正如教育部在《新时代高等学校思想政治理论课教学队伍建设规定》中所要求的：“高等学校应当严把思政课教师政治关、师德关、业务关，明确思政课教师任职条件”。[1] 也就是说，高校在引进概论课教师的时候，不仅要考察他们的学识水平、科研能力，而且要考察他们的品德修养和性格爱好，尤其要重点关注他们的政治素养。要把政治标准放在面试的第一位。在新进教师的培训过程中，必须重点加强对教师进行政治理论和职业道德的教育。必要时，可以要求新进概论课教师签署《教师职业道德承诺书》。在平时的教学实践活动中，可以通过周二的政治学习进一步加强对于教师政治素质、师德素质的培育和提升工作，使得教师头脑中“六个要求”这根弦始终不放松。

同时，对违反以上要求的不合格概论课教师，高校应该根据量化考核的标准探索概论课教师退出机制，打破概论课教师终身制。必须贯彻落实教育部的相关规定：“对政治立场、政治方向、政治原则、政治道路上不能同党中央保持一致的，或理论素养、教学水平达不到标准的教师，不得继续担任思政课教师或马克思

[1] 《新时代高等学校思想政治理论课教师队伍建设规定》，2020 - 01 - 16，http://www.moe.gov.cn/srcsite/A02/s5911/moe_621/202002/t20200207_418877.html.

主义理论学科研究生导师。"❶ 这里退出包含辞职、辞退、转岗等多方面因素和范畴。只有这样才能将专业精通、素养合格，思想先进、素质过硬的教师留在概论课教师团队中。同时，将专业薄弱、素养欠缺，思想落后、素质动摇的教师清除出概论课教师队伍。特别是要把教师队伍中的害群之马清除出去。

二、以"讲深、讲透"概论课为标准，完善概论课教师的培训与提升机制

习近平总书记指出："思政课的本质是讲道理，要注重方式方法，把道理讲深、讲透、讲活，老师要用心教，学生要用心悟，达到沟通心灵、启智润心、激扬斗志。"❷ 习近平总书记的讲话对思政课的教学提出了新的要求。"讲好、讲深、讲活"概论课便成为新时代概论课教师的重要任务。要以"讲好、讲深、讲话"概论课为标准，加强对教师的培训，不断提升教师的教育教学能力。

1. 完善概论课教师培训与提升机制

教师的培训与提升是高校教师队伍建设的重要环节。受到网络环境和教育改革的双重影响，概论课教师除了要传授专业理论知识和技能之外，还要不断提升自身的教学能力、创新能力、科研能力等。这要求高校应为概论课教师的继续深造提供并创造机会，促使概论课教师不断提升和更新自身的专业知识和技能，不断了解本专业最新发展动态和科研成果，只有这样，才能与时俱

---

❶ 《新时代高等学校思想政治理论课教师队伍建设规定》，2020－01－16，http://www.moe.gov.cn/srcsite/A02/s5911/moe_621/202002/t20200207_418877.html.

❷ 习近平：《坚持党的领导传承红色基因扎根中国大地 走出一条建设中国特色世界一流大学新路》，《人民日报》2022 年 4 月 26 日第 1 版。

进，在授课中向学生传授最新的专业知识和技能，让学生能够紧跟时代潮流。

首先，构建概论课教师教学能力培养机制。概论课教师是高校落实立德树人任务的重要力量，也是高校内涵提升的重要内容。因此，构建概论课教师教学能力培养机制是当前高校师资队伍建设的任务之一，主要从健全专业培养机制和理顺教学与科研的关系两个方面着手。一是健全专业培养机制。健全专业培养机制的首要任务是完善概论课教师理论素质提升培养机制。针对部分概论课教师知识结构陈旧，理论功底薄弱，视野狭窄的问题，继续加强对概论课教师队伍理论素质的培养。寒暑假期间，学校可以邀请马克思主义理论领域的专家学者前来讲学指导，派出教师到外校访学、交流。组织教师开展新媒体技术应用的观摩学习，进一步完善校内听课评课制度，促进教师相互学习，共同提高。同时，要完善概论课青年教师培养机制。完善概论课青年教师培训机制，是培养概论课教学团队后备人才的基本要求。通过实施青年教师导师制，发挥老教师的传帮带作用，促进青年教师的快速成长。实施新进教师岗前培训制度，对教师开展教育学、教育心理学、教师职业道德、现代教学手段、教学技能等方面的培训。鼓励新教师走上讲台，互相交流，互相学习。鼓励概论课青年教师积极参加各级各类教学能力大赛，以赛促练，以赛促学。二是处理好教学与科研的关系。教学与科研是高校办学的两大基本职能，也是概论课教师必须处理好的一对关系。正确处理好教学与科研的关系，可以促进教学科研相长的良性循环，有利于概论课教师的全面发展，更有利于概论课教师教学能力的提升。

其次，完善概论课教师教学能力激励机制。为了健全概论课教师教学能力激励制度，引导概论课教师参与人才培训和教学工作，高校需要做以下两个方面的工作：一是创建有助于概论课教师进步的激励机制。高校可以在对概论课教师充分熟悉和了解后，为其设立一个自己感兴趣且符合自己能力和优点的平台，让其发挥自己的优势，同时也锻炼自己的能力。二是对概论课教师采取精神鼓励的激励策略。高校要对概论课教师的教学设计过程作出相对应的评估，不断鼓励和肯定概论课教师的能力，对在各级教学竞赛中获得优良成绩的概论课教师给予奖励，并在年度考核、职称评定、职务晋升等方面优先考虑，为其日后的教学工作提供动力。三是在科研方面，学校要设立专项科研基金，专门扶持有潜力的概论课教师开展科学研究。同时，要鼓励概论课教师积极参与高水平的教学科研团队，与团队成员相互促进，共同提升教学科研水平。

最后，建立概论课教师教学能力交流共享机制。教师教学能力提升过程是一个不断学习的过程，学校应根据教师不同阶段教学能力发展的不同需求，多层次、多形式并举，建立健全培训交流机制，以沟通为手段，为概论课教师学习优秀教师的教学经验提供平台。针对新入职的概论课教师，以教学基本技能培训为主，通过教学方法讲座、名师示范授课、观摩教学及名师点评、课堂教学实战等方式，帮助概论课教师尽快掌握教学基本技能，规范教学行为，以适应学校教学工作。对入职几年的概论课教师，以教学技能进阶专题培训为主，通过微格教学、名师观摩课等形式，围绕教学内容更新、教学方法改革、教学模式创新，进行专题培训，促进教师教学技能进一步发展。对概论课教师在教学方面遇到的问题等个性化需求，学校以提供教学咨询等方式，由优秀教师为其提供咨询、诊断和建议。网络交流与共享平台是对培训、咨询、沙龙等面对面的沟通渠道的无限延伸。学校可建立以教学、科研为主题的网络交流平台，同时应根据教育教学需要，采取引进购买、自主开发、推进共享等方式，不断加强教育教学资源库建设，重点加强辅助性教学参考资源、数字化教学资源建设，为教师深化教学改革、加强教学建设，提供资源支撑和共享平台，为概论课教师提升教学能力提供不受时间与地点限制的沟通方式。

2. 营造良好的科研环境，提升概论课教师的科研能力

首先，高校要为概论课教师的科研工作努力营造浓厚的科研氛围，打造良好的环境。高校要引导概论课教师牢固树立“科研兴校”的意识，深刻理解科研与学校发展的关系，也可以根据本校学科建设的发展规划，采取短期进修的方式，有计划地选派一批中青年骨干教师到国内外知名高校和科研院所进修、培训、做访问学者，以更新充实概论课教师的专业知识，加快中青年学科带头人、学术骨干的培养。

其次，高校应制定相关的政策给予概论课教师更多参与科研的机会，激发他们的科研潜力，最大限度地调动他们的科研积极性。文科类教师尤其是概论课教师在科研经费的分配上处于弱势地位，在国家级、省部级等重大的课题上的经费甚少。高校应根据差异性原则、渐进性原则、保护性原则对概论课教师下达科研任务，使概论课教师的科研工作能够有序开展。

再次，概论课教师科研能力提升的过程，就是其不断实现自我提升的过程。促进概论课教师科研能力提升的路径之一是使概论课教师把教学和研究紧密结合起来，在教学中搞科研，在科研中进行教学，二者相互促进，使自己的教育教学达到最佳效果，力争形成自己独特的教学风格，完成从专业型教师向学者型教师的转变。所以，高校要全力支持概论课教师参加教改和科研活动。对他们取得的成果要充分肯定和推广，从而激励概论课教师自主

提升的动力。概论课教师科研能力提升路径就其实质而言，就是通过教师个体的科研实践活动，把科研活动本身作为研究对象进行研究总结。基于这种结合实际活动的科研实践，加强概论课教师对自身科研实践的反思，这种反思形成倒逼机制，促进概论课教师生成科研实践智慧，从而使得概论课教师在自己的科研方向上游刃有余，逐步形成自己的科研特色。

3. 鼓励创新型学术研究，提升概论课教师的创新能力

我国现行的高校概论课教师培养体系中，还存在一些不利于学术创新的限制因素，一方面在于“追赶者”科研体制对学术创新的羁绊，另一方面在于“官本位”管理体制对学术创新的侵犯。特别是后者，学校领导将管理出效益的理念搬到科研领域，把科学研究视同行政工作，没有真正把“科学求真”当作项目研究的目的。因此，高校在鼓励创新型学术研究，提升概论课教师的创新能力的过程中，必须做到以下几点：

首先，尊重概论课教师的个性。人的多样化个性是创新的基础，也是创新的本质表现。教育创新不主张以模式化的客体个性来消融多样化的主体个性，提倡以特征鲜明的主体个性培养为出发点，以创新主体意识的自由发挥为前提，以创新主体个性的充分发展为关键，以创新主体的个性化创新成果为目标。因此，在提升概论课教师的创新能力的过程中，首要的是尊重个性。

其次，崇尚学术自由。学术自由是一种大学理念。爱因斯坦曾说过，“我所理解的学术自由是一个人有探求真理以及发表和讲授他们认为正确的东西的权利。”[1] 科学不分国界，学术不分地域，观点不分时限，学术不分尊卑。学术自由是保护多样化个性的前

---

[1] 许良英等：《爱因斯坦文集》，商务印书馆，1979，第 323 页。

提基础，是实现科学创新的基本条件，是科学家从事科学活动的一项基本权利，是大学保持生机活力的源泉。尊重学术自由就是尊重知识、尊重人才。

最后，创新“概论”教师培养理念与发展机制，坚持以教师为本，充分尊重“概论”教师的多样化个性发展，营造一个良好的学术创新环境，提供一个务实的学术交流空间，保证各种创新活动的积极开展。

4. 树立教师培养新理念，提升概论课教师的综合素质能力

高校应树立复合型人才培养理念，全面提升概论课教师的综合素养，培养复合型学者人才。

首先，对概论课教师进行跨学科教育。随着学科细化的发展，学科之间的交叉融合已经成为必然趋势。2020 年，交叉学科成为我国 14 个学科门类中的一个，为高校思政课的教学研究注入了不同的视角和新的解读方式。[1] 概论课教学内容涉及政治、经济、文化、社会等不同方面，要求教师必须具备政治学、经济学、哲学、法学等学科背景知识。因此，必须加强对概论课教师的跨学科教育，让教师了解马克思主义理论学科与政治学、经济学、法学、哲学、历史学等相关学科的关系及发展趋势，吸取这些学科中新的理论及研究方法，为研究重大理论和实践前沿问题提供新的视角和工具。

其次，组织概论课教师参加教学技能和信息技术的培训。“互联网 +”背景下，概论课教学环境、教育对象、教学方式都发生了深刻变化，概论课教师的教学能力和信息技术能力面临全新挑战。加强概论课教师的教学技能和信息技术培训是教师成长的必

[1] 卫思谕：《以交叉学科推动高校思政课创新》，2022－05－21，http://ex.cssn.cn/mkszy/mkszy_xkzx/202205/t20220521_5409101.shtml。

然要求。通过岗前培训、业务能力提升培训和继续教育培训等不同形式满足不同年龄阶段教师的培训需求，使教师的教学技能适应新的形势。充分团队“名师 + 名课”在教学中的示范作用，邀请他们进行教学经验交流，提升教师的教学技能。对概论课教师进行信息技术应用方面的培训，如 PPT、微课、线上教学资源的制作和使用，使教师具备有运用互联网技术进行教育教学活动的能力，适应现代化教学的需要，提升概论课教师的教学水平。

再次，推动海外访学，培养概论课教师队伍的国际视野。习近平总书记强调，“当前形势下，办好思政课，要放在世界百年未有之大变局、党和国家事业发展全局中来看待”。这实际是要求概论课教师必须具备宽广的国际视野。随着全方位对外开放政策的实施，中国与世界的互动越来越多。当国内出现突发性事件的时候，学生会习惯性地把中国与其他国家进行对比，甚至会产生思想困惑。这就需要概论课教师进行思想解惑和理论答疑，否则，就会形成模糊甚至错误的认识。因此，这就要求概论课教师具备国际视野，正确认识世界大势和国际问题，利用国内外的事实、案例、素材科学回答学生的问题，以清模糊认识。组织概论课教师走出国门交流培训，有助于他们更新教学理念和借鉴国外的优质课程资源，更有助于他们对世界大势的深入了解。

最后，加强概论课教师的师德师风建设。习近平总书记指出：“要把师德师风建设摆在首要位置，引导广大教师继承发扬老一辈教育工作者‘捧着一颗心来，不带半根草去’的精神，以赤诚之心、奉献之心、仁爱之心投身教育事业。”[1] 师德师风是衡量概论

---

[1] 《习近平在看望参加政协会议的医药卫生界教育界委员时强调：把保障人民健康放在优先发展的战略位置着力构建优质均衡的基本公共教育服务体系》，《人民日报》2021 年 3 月 7 日第 1 版。

课教师是否合格的第一标准。加强概论课教师师德师风建设，有助于增强思政育人的实效性，有助于推进高校优良校风和学风的建设。高校必须高度重视师德师风建设，要成立师德师风建设领导小组。要把师德师风教育工作纳入学校工作的重要议事日程，要实现师德教育常态化和学习形式多样化，通过集体学习、系部讨论、个人自学，不定期邀请全国道德楷模、师德标兵等作报告等，使教师始终保持自重、自省、自警、自励“四自”合一状态。把师德师风建设纳入教师年度考核评价全过程。在年终考核、评奖评优、职称评审、职务晋升、高层次人才管理等方面，实行“一票否决”。对在立德树人、师德师风建设方面表现突出、作出贡献的典型人物进行表彰奖励，职称晋升开设“绿色通道”，同时，推行师德考核负面清单制度，对师德失范、学术不端行为进行惩戒。

三、以增强概论课教师责任担当为目的，构建“概论”教师的学习与研究制度

概论课主要是向当代大学生传播马克思主义中国化的最新理论成果和党的重大方针政策。[1] 教学内容丰富，涉及的领域十分宽泛，要求概论课教师必须具备马克思主义理论、哲学、政治学、社会学、经济学、历史学等相关学科知识。面对浩如烟海的知识海洋，概论课教师如果不及时学习，很难跟上形势的发展。更为重要的是，随着实践的发展和马克思主义理论的不断创新，概论课的内容随之不断丰富和发展，再加上科技进步和环境变化带来

[1] 李新慧：《错误社会思潮冲击下高校思政课教学应对之策——以“毛泽东思想和中国特色社会主义理论体系概论”课为例》，《黑龙江教育（理论与实践）》，2022 年第 8 期。

的教学手段和教学方法的与时俱进，这些变化要求概论课教师必须坚持终身学习，永不懈怠。同时，由于概论课教师的学术背景、研究方向、学习兴趣、专长等不同，学习中，如果能够以教学团队为依托，团队成员相互学习，教学相长，及时研究学术和实践动态，将其转化为教学内容和教学能力，将有助于提高概论课教师责任担当的能力。

习近平总书记指出："老师对学生的影响，离不开老师的学识和能力。"❶ 总书记把扎实的知识功底、过硬的教学能力、勤勉的教学态度、科学的教学方法看作是好老师的基本素质，而知识是根本。总书记还说："在信息时代做好老师，自己所知道的必须大大超过要教给学生的范围，不仅要有胜任教学的专业知识，还要有广博的通用知识和宽阔的胸怀视野。"❷ 这就要求教师必须始终处于学习状态、始终站在知识发展的前沿。总书记的话给概论课教师指明了未来努力的方向，就是要坚持把学习研究作为立身之基。为此，在新的历史条件下，我们要以增强概论课"展现21世纪中国化马克思主义真理力量"的责任担当为目的，构建"概论"教师的学习研究制度。

第一，明确学习研究的主要内容。学科属性的不同，决定着课程教师学习研究的内容会各有千秋。对于概论课教师来说，学习研究的核心内容就是马克思主义中国化理论成果，尤其是习近平新时代中国特色社会主义思想。"习近平新时代中国特色社会主义思想是当代中国的马克思主义、二十一世纪马克思主义，是中国文

---

❶ 《习近平在北京师范大学考察号召全国广大教师做党和人民满意的好老师》，《人民日报》2014年9月10日第1版。

❷ 习近平：《做党和人民满意的好老师——同北京师范大学师生代表座谈时的讲话》，《人民日报》2014年9月10日第2版。

化和中国精神的时代精华”❶。在巩固和拓展对马克思主义中国化前两次历史性飞跃成果学习的基础上，必须把习近平新时代中国特色社会主义思想作为学习的重中之重。这里面还涉及党的方针政策的相关内容的学习。同时，必须深入学习研究马克思主义经典著作。马克思主义经典著作是马克思主义基本原理的文本载体，只有原原本本、原汁原味地学习经典著作，才能真正把握其精神实质。当然，概论课教师还必须认真学习研究思想政治教育学理论知识。概论课本身就是一门育人的课程。要做好学生的思想政治工作，必须掌握思想政治教育学基本理论，遵循学生成长的特点规律，因人而异地开展思想政治教育实践。同时，概论课教师还必须学习研究“四史”。把“四史”融入概论课教学，不仅有利于增强学生的历史自信，更有利于提高概论课的说服力和感染力。概论课教师必须对“四史”知识有充分的了解，才能在教学中做到游刃有余。除此之外，政治学、经济学、哲学、社会学等相关知识也是概论课教师的必学内容。可以说，概论课教师要想真正成为一名真正的好教师，必须是一部“百科全书”。因此，学习研究的任务非常繁重。

第二，作出具体安排，保证学习研究时间。正如上文所说，概论课教师学习研究内容繁多，学习研究任务很重，因此，概论课教师必须做好具体安排，详细制定学习研究方案，合理规划学习研究程序，循序渐进、层层深入。很多教师认为，单位组织学习研究，仅仅是为了完成上级布置的理论学习任务，学习内容宽泛，对学习时间也作了硬性规定。这种认识是导致教师学习研究主动性不强的重要原因。因此，概论课教师必须走出这种误区，

---

❶ 本书编写组：《〈中共中央关于党的百年奋斗重大成就和历史经验的决议〉辅导读本》，人民出版社，2021，第 8 页。

要做到终身学习、针对性学习，一定要保证学习研究的时间。学习研究过程，要遵循广泛性与重点性相结合的原则，牢固树立分层次、有重点的观念：要坚持理论与实践相结合的原则，把教师的工作和生活实践与学习研究有机地结合起来。

第三，创造学习研究条件。概论课学时多，教师教学任务繁重，再加上部分教师还要承担研究生教学管理工作，多数教师忙于上课，学习研究的时间被挤占。学校应该适当减少教师教学工作时间，让教师有更多的时间从事马克思主义理论的学习研究。同时，针对教师学习研究的深层次需求来安排各种讲座来提升其学习研究能力。邀请专家前来开展学术讲座是切实提高概论课教师科研能力和科研水平的重要途径。学术讲座一般会围绕学术前沿问题、社会热点问题、科研项目申报、高水平学术论文和著作写作等内容展开，既有理论高度，又有实践深度，能够引发教师进行深入的思考，对于打开老师科研思路和视野，具有非常重要的作用。高校还要为教师开展学习研究提供一定的平台。比如，充分发挥校报在教师政治学习中的作用。可在校报开辟定期或不定期的理论专版，充分发挥校报对政治学习的营造舆论氛围、引导观念转变、提供学习资料等多方面的作用。还有，就是要完善学习科研保障机制，特别是信息、网络、资料、经费等方面的保障，为教师开展学习研究提供强大的保障。

四、以完善课程教学管理机制为主要手段，构建概论课教师责任担当机制

体系开放需要监管和规范，概论课教师责任担当机制亟待建立。教育相关法律、法规的颁布和教师资格证书制度的实施标志着我国现代教师教育制度已经初步建立。但是，高校思想政治理

论课教育教学改革任重而道远。构建概论课教师责任担当机制，可以从完善课程教学管理机制着手。

1. 改革教学管理与人事管理制度，建立概论课教师倾心于课程教学的持久动力

由于教学效果存在迟效性、潜在性、影响因素多样性等特点，对其绩效的科学评价非常复杂。加之地方教学型概论课教师教学工作量繁重，对教学的奖励力度又远不及科研奖励，教师的教学绩效感与成就感低，致使教师的“职业忠诚”感缺失。而教师的“职业忠诚”仅靠教师的职业伦理意识与教育思想观念难以维系，还需与之相应的制度保障，用制度保证教师的教学优雅与尊严，促进教师先进的职业伦理意识与教育思想观念在教学过程中的落实。这种制度包括两个层面：一是学校外部的社会大环境要建立起有利于教学创新及学术自由的学校考核评价制度；二是学校内部要建立起有利于教师全身心投入教学工作和优雅从事教学的教学管理制度。课程教学管理机制是教师教学责任担当的有力保障，因为管理制度往往规定着教师工作的着力点和兴奋点。要通过职称评定和收入分配等管理制度的改革，运用利益杠杆，不仅使致力于教学和人才培养的高校和教师获得“实惠”，而且要对不关注教学、在教学创新方面不力的教师形成一定的外部“压力”，让这些教师因此“吃亏”。通过强化制度保障，把政府和社会对教学中心地位的呼唤转化为教师的自觉行动，把政策影响力转化为课程教学创新的内生动力，激发教师的教学兴奋，使教师倾心教学、安心教学、乐于教学。

2. 建立思政课教学管理文件编制与调整机制

加强课程教学管理，首先应该从教学管理文件的编制与调整开始。当前，概论课的教学管理基本已纳入其他思政课教学管理

体系当中。教学管理文件主要包括教学文件和教学行政管理文件两大类。[1] 教学文件是指与课程教学相关的专业人才培养方案、实施方案、教学标准、授课计划、教学课件和教案等文本材料。一般来说，专业人才培养方案相对稳定，一经制定至少能够实施四年。但随着国家经济的发展和社会需求的变化，为保证人才培养目标与社会需求保持一致，必须适当调整培养方案的部分内容。而课程实施方案的调整则由国家政策、市场环境、教学对象等几大因素决定。而课程教学标准则要符合国家教育行政主管部门的要求和社会变化的需求，特别是符合教学对象的实际情况。一般课程的教学标准相对稳定，但概论课却有点特殊，因为教学内容变化较快，这几年课程标准也是频繁变动。而授课计划则是根据课程教学标准和教学班级实际情况而制定的，一般由系部主任和单位领导审核。授课计划要保持与课程教学标准一致，要按照教学标准组织教学。而教学行政管理文件则一般指学校为了维持正常教学秩序而规范教师教学行为的文件，比如：备课制度、听评课制度、督导制度、考试制度等。要保证教学管理文件能够始终起到指导教育教学实践的作用，就必须根据实践的变化不断进行调整。其次，还要建立教学过程跟踪管理机制。这就是要加强对整个学校的教学实践进行监控，监控的方式很多，比如：日常巡查、专项检查、学生调查、专家听评课等。一些高校已经形成了独具特色的教学过程跟踪管理机制。笔者所在学校，一年一度的“教学礼拜”主题活动，就是典型例子。学校会根据每年教育工作的重点工作设计不同主题，学校领导深入学院调研，听取、征求师生员工意见和建议，查找教学工作中存在的问题并加以整改。

---

[1] 谷善明：《一体化课程教学质量监控与管理机制的建立与实施》，《中国培训》2019 年第 9 期。

这一活动已经实施近十年，已经成为一种校园文化，熔铸在全校教师的日常教学行为当中。

3. 进一步完善教学考核评价机制

对所有思政课教师来说，现行的考核评价机制有很多缺陷。概论课教学也有同样的感受。普遍存在的问题主要有如下几个方面：一是概论课教师的职业特点被忽视，使得概论课教师被等同于其他高校专业课教师。概论课在学校普遍处于被忽视的地位，不论什么人都可以放到这个教学岗位上来。没有像其他专业课教师那样，必须要求专业对口和专业知识扎实。一些在其他岗位不适合或干得不好的人员都被转过来从事包括概论课在内的思政课教学；二是对概论课教师考核评价的内容不合理。首先是科研所占的比重过大。其次是没有把显性教育效果与隐性教育效果结合起来。在这种考核评价机制的引导下，概论课教师的积极性受到挫伤，不太愿意履行自身责任。要坚持问题导向意识，从存在的突出问题出发建立概论课教师的科学考核评价机制。一是在概论课教师的入职与聘用上，既要看“姓马”，更要看“信马”。学习和从事马克思主义理论教育研究，不等同于完全信仰马克思主义，概论课教师的入职与聘用应比入党的考察更加严格。二是在意识形态领域风险不断加大的情况下，应加大对概论课教师维护意识形态安全主体责任考核的力度。三是注重教学中育人功能的考核。在完成课时量的同时，更要重视对教学质量的考核，而教学质量考核应关注是否能在课堂教学中坚持“红色底蕴”、大学生是否树立了正确的世界观、人生观与价值观、是否培育了大学生的工匠精神等。四是对科研的考核，看教师的科学研究是否有助于巩固马克思主义在意识形态领域的指导地位，是否能突显以科研促教学、促主流意识形态建设的目标。

理想信念是精神之“钙”，一旦缺失就会丧失灵魂、迷失方向。对于概论课教师而言，坚定理想信念绝不是个人的私事，而是其职业的责任与要求，关乎“为谁服务”和“培养什么样的人”的重要问题。因此，应强化概论课教师的职业理想信仰教育。正如习近平总书记所强调的：“高校教师要坚持教育者先受教育，努力成为先进思想文化的传播者、党执政的坚定支持者，更好担起学生健康成长指导者和引路人的责任。”❶

❶ 《全国高校坚持把立德树人作为中心环节，把思想政治工作贯穿教育教学全过程：培养担当民族复兴大任的时代新人》，《人民日报》2021 年 12 月 10 日第 1 版。

CHAPTER 04 >> 第四章

探索以提升概论课教学质量为目的的概论课教学改革创新机制

要讲好概论课，真正使这门课程走进学生内心，进入学生头脑，不仅要有知识丰富、敢于担当作为的教学团队作保障，还要从教学体制机制上下功夫。当前概论课在教学内容、教学方法、教学理念以及教学考核等方面还存在不少问题。因此，要继续推动概论课教学的改革创新，提升概论课教学质量，让概论课更好地展现21世纪马克思主义的真理力量。

第一节 提升概论课教学质量与马克思主义真理传播的重要关系

作为立德树人的重要阵地之一，概论课教学质量与展现真理力量有着密切的关系。提升概论课教学质量对传播马克思主义真理有着重要的意义，而马克思主义真理又能够为更好地提升概论课教学质量提供方法论和理论基础。为此，必须探索以提升概论课教学质量为目的的教学改革创新机制。

一、提升概论课教学质量对传播马克思主义真理有着重要的意义

1. 感悟马克思主义的真理力量

马克思主义科学揭示了整个物质世界的运动规律，特别是人类社会发展规律，资本主义社会内部的运动规律以及资本主义向社会主义、共产主义过渡的必然性规律等。马克思主义适应了社会发展的需要，马克思主义是在唯物史观和剩余价值学说的基础上，揭示了资本主义社会的历史暂时性，指明了无产阶级肩负的历史使命，阐明了资本主义必然灭亡，社会主义必然胜利的历史趋势，为人类社会的发展指明了方向。这样的真理，必然会有无穷无尽的力量。正是因为马克思主义具有强大的真理力量，使得马克思、恩格斯这两个年轻人敢于向整个资本主义旧世界宣战；正是因为马克思主义具有强大的真理力量，使得一经问世，就迅速在工人阶级的思想中占据主流，成为工人运动的指导思想；正是因为马克思主义具有强大的真理力量，使得20世纪共产主义运动蓬勃发展，社会主义国家纷纷建立，世界发生了翻天覆地的变化；也正是因为马克思主义具有强大的真理力量，使得中国特色社会主义进入了新时代，使具有五千多年历史的中国焕发出强大生机活力，在世界高高举起了中国特色社会主义伟大旗帜。正如习近平总书记所说：“两个世纪过去了，人类社会发生了巨大而深刻的变化，但马克思的名字依然在世界各地受到人们的尊敬，马

克思的学说依然闪烁着耀眼的真理光芒！”❶

2. 马克思主义中国化时代化成果再次展现真理的光芒

正是因为马克思主义的真理性，作为发展中的马克思主义，马克思主义中国化理论成果也必然具有强大的真理力量。在马克思主义与中国共产党百年奋斗历史互相结合的过程之中，实现了马克思主义中国化的三次历史性飞跃，形成了不同的理念战果。马克思主义中国化理论成果的真理力量已经为党的百年奋斗所取得的巨大成绩所证明。正是在中国共产党的坚强领导下，在马克思主义中国化理论的正确指引下，我们创造了四个伟大成就，实现和迎来了四个飞跃，使中华大地发生了翻天覆地的变化，我们全面建成了小康社会，综合国力和国际影响力都达到了一个新的高度，这是党的百年实践和马克思主义中国化理论良性互动的结果，也是马克思主义中国化理论真理力量的直接证明。在新时代，习近平新时代中国特色社会主义思想实现了马克思主义中国化的新飞跃，是21世纪的马克思主义，当代中国的马克思主义。在新时代传播马克思主义的真理力量，关键是要传播好、讲好习近平新时代中国特色社会主义思想。

3. 概论课担负着传播马克思主义真理的重任

概论课作为思想政治理论课之一，承担着对大学生进行系统的马克思主义理论教育、用发展着的马克思主义武装大学生头脑的任务，概论课是高校思想政治教育的主渠道和维护意识形态安全的主阵地，也是用习近平新时代中国特色社会主义思想武装大学生的主阵地和主渠道。❷ 概论课所面对的群体是肩负着实现中华

---

❶ 习近平：《在纪念马克思诞辰200周年大会上的讲话》，《人民日报》2018年5月4日第2版。

❷ 龚晓莺、李雯静：《制约毛泽东思想和中国特色社会主义理论体系概论课教学质量提升的问题及对策》，《教育观察》2020年第45期。

民族伟大复兴重任的青年一代大学生。正如习近平总书记所说："当代青年是同新时代共同前进的一代。我们面临的新时代，既是近代以来中华民族发展的最好时代，也是实现中华民族伟大复兴的最关键时代。广大青年既拥有广阔发展空间，也承载着伟大时代使命。"❶

要想让青年大学生在青春的赛道上跑出好成绩，必须不断提高他们的思想水平、政治觉悟、道德品质和文化素质，把学生培养成德才兼备、全面发展的人才。因此，除了不断加强对大学生的专业知识教育外，还必须在思想政治教育上下功夫。作为高校思政课的重要组成部分，概论课的教学有助于让大学生从我们党探索中国特色社会主义的伟大实践中认识和把握中国特色社会主义的历史必然性，有助于让大学生从中国特色和国际比较中全面客观认识当代中国和外部世界，有助于让大学生正确认识时代责任和历史合作，激励学生自觉把个人的理想追求融入国家和民族的事业中，有助于学生正确认识远大抱负和脚踏实地，有助于帮助学生了解马克思主义中国化的奋斗历程，有助于他们了解马克思主义中国化理论成果的基本内容，帮助他们树立科学的人生观、价值观和世界观。可以说，概论教学效果和质量的好坏事关学生成长成才的思想基础，事关立德树人的成效，事关中国特色世界一流大学的成长。正如习近平总书记所说："每个国家都是按照自己的政治要求来培养人才的，世界一流大学都是在服务自己国家发展中成长的。"❷

---

❶ 习近平：《在北京大学师生座谈会上的讲话》，《人民日报》2018 年 5 月 3 日第 2 版。

❷ 习近平：《在北京大学师生座谈会上的讲话》，《人民日报》2018 年 5 月 3 日第 2 版。

因此，要让马克思主义真理力量在青年一代的心中生根、发芽，就必须提升概论课的教学质量。

二、马克思主义的真理力量是概论课改革创新的理论基础

1. 改革创新是马克思主义的内在要求

革命性和创新发展性是马克思主义的鲜明特征，马克思主义天生具有改革创新的精神，这种精神不仅体现在马克思主义创立的过程中，体现在马克思主义基本原理和观点中，也体现在马克思主义的发展过程中。从马克思主义的创立来看，马克思主义是在资本主义社会得到发展的大背景下创立的。资本主义社会虽然具有历史性、局限性，存在许多不能克服的弊端，但是，相对于之前的传统社会，资本主义社会最大的特点是变动不居。所谓“变动不居”，就是指资本主义社会一直处于不断变化的过程中。在变动不居的精神中自然就包含了改革创新的要求。因此，马克思主义诞生的社会背景就有崇尚创新的成分。马克思主义是对德国古典哲学、英国古典政治经济学和法国思想社会主义的批判继承，这三大学说本身就是当时最先进的思想成果，马克思、恩格斯在继承这三大学说的基础上，创造性地发展并超越了这些理论成果。从马克思主义的发展来看，马克思、恩格斯在创立马克思主义之后，一刻也没有停止理论探索和创新的脚步，而是把马克思主义的发展看作是不断创新的过程，这种创新发展的过程一直持续到现在。

不管是从马克思主义理论发展的全过程来看，还是从这一理论发展的特定阶段来看，马克思主义发展过程中无时无刻不包含着改革创新的精神。马克思主义中国化的历程也是如此，正如毛泽东所说：“中国共产党人只有在他们善于应用马克思列宁主义

的立场、观点和方法，善于应用列宁斯大林关于中国革命的学说，进一步地从中国的历史实际和革命实际的认真研究中，在各方面作出合乎中国需要的理论性的创造，才叫作理论和实际相联系”❶。这就是说，创新是马克思主义中国化在中国成果生根，发芽的关键。作为向大学生宣传马克思主义中国化理论成果主阵地和主渠道的概论课，必然继承改革创新的精神，并将这“精”作为概论课教学改革指引。

2. 马克思主义的基本理论是概论课改革创新的理论源泉

推动概论课改革创新，既要坚持正确的政治方向，也要有深厚的理论滋养。要把正确的政治方向与深厚的理论滋养结合起来。马克思主义的基本理论是高校思政课教学的基本内容，也是概论课教学的基础。习近平总书记在纪念马克思诞辰200周年大会上发表的重要讲话中指出：“我们要坚持和运用辩证唯物主义和历史唯物主义的世界观和方法论，坚持和运用马克思主义立场、观点、方法，坚持和运用马克思主义关于世界的物质性及其发展规律，关于人类社会发展的自然性、历史性及其相关规律，关于人的解放和自由全面发展的规律，关于认识的本质及其发展规律等原理，坚持和运用马克思主义的实践观、群众观、阶级观、发展观、矛盾观，真正把马克思主义这个看家本领学精悟透用好。”❷ 马克思主义基本原理中所体现的世界观和方法论是我们的“看家本领”，要将其作为概论课教学的一根红线，将其贯穿于教学的始终。因此，只有弄通弄透了马克思主义的基本理论，用马克思主义的世界观和方法论去解决概论课改革创新中遇到的实际问题，推动概

❶ 《毛泽东选集》第3卷，人民出版社，1991，第820页。

❷ 习近平：《在纪念马克思诞辰200周年大会上的讲话》，《人民日报》，2018年5月5日第2版。

论课教学的理论和实践创新，才能使这一课程的改革创新取得更大的效果。

3. 党为追求马克思主义真理而进行的百年奋斗所形成的优良传统为概论课改革创新提供了重要经验

在革命、建设、改革的每一个奋斗历程中，把思想政治教育摆在重要的位置，这是我们党的优良传统。

在新民主主义革命时期，我们党秉持学习和宣传马克思主义的基本立场，在红军大学、苏维埃大学、抗日军政大学、陕北公学等高校开设了“马列主义”“科学社会主义”“中国革命运动史”“党的建设”等课程。毛泽东曾九次到陕北公学亲自授课，指导学生如何用马克思主义的立场、观点和方法分析中国革命问题。[1]

中华人民共和国成立后，党丝毫没有放松思政课的建设，先后开设了“中国革命史”“马列主义基础”“辩证唯物论与历史唯物论”等适应时代发展要求的思政课程，培养了一大批合格的社会主义建设者和接班人。

改革开放之后，随着社会主义市场经济的建立，各种思潮涌入中国，党进一步加强了思想政治教育工作，党中央先后出台了十多个有关学校思想政治教育的文件，积极推动马克思主义理论学科的建设和发展，指导高校思想政治的理论课教学改革，加强思政课教材建设，推动马克思主义中国化最新成果进教材，进课堂，进头脑。

党的十八大以来，以习近平同志为核心的党中央高度重视思

---

[1] 王易：《高校思想政治理论课改革创新的多维解读》，《马克思主义理论学科研究》2020 年第 5 期。

想政治教育工作，全面加强了党对思想政治工作的领导，党中央先后召开全国高校思想政治工作会议、全国宣传思想工作会议、全国教育大会、学校思想政治理论课教师座谈会等，党的领导人多次强调“思想政治理论课要坚持在改进中加强”，“我们办中国特色社会主义教育，就是要理直气壮开好思政课”等。[1] 由此可知，高度重视思政课建设是我国高校的鲜明特性。因此，新时代的概论课要从党百年加强思想政治教育工作所取得的经验出发，不断推进概论课的改革创新。

4. 马克思主义理论学科建设为概论课改革创新提供学理支撑

马克思主义理论学科是建设能够为概论课教学提供学科支撑。脱离了马克思主义理论的学科体系，概论课教学就无法坚持正确的政治方向，其科学性也就无从谈起，概论课为党育才、为国育人的功能势必也会受到影响。马克思主义理论一级学科的建设和发展，为丰富和充实思想政治教育办学提供了理论和思想材料，也为思想政治教育实现思想性、政治性、意识形态性与知识性、学术性的统一提供了学科的思维方式方法，为提高思想政治教育的实效打下了研究性基础。[2] 因此，概论课的改革创新必须以马克思主义学科建设为基础。

概论课是以中国化的马克思主义为中心内容。在新时代的中国，习近平新时代中国特色社会主义思想就是马克思主义中国化的最新成果，习近平新时代中国特色社会主义思想不仅是概论课教学的主要内容，也是推进概论课改革创新的指导思想。习近平

---

[1] 王易：《高校思想政治理论课改革创新的多维解读》，《马克思主义理论学科研究》2020 年第 5 期。

[2] 王增：《以马克思主义学院建设深化思政课改革创新》，《山东教育（高教）》2020 年第 6 期。

新时代中国特色社会主义思想是运用马克思主义的立场、观点、方法来分析解决中国的现实问题，是一个系统完整、逻辑严密的有机整体，处处闪耀着马克思主义的真理光辉。马克思主义理论学科对习近平新时代中国特色社会主义深入研究，可以为思想政治理论课教学提供“马克思主义真理力量”的思想理论资源，也能为概论课改革创新提供理论依据。

三、概论课改革创新能更好地展现马克思主义的真理力量

1. 概论课改革创新有助于更好地巩固马克思主义在意识形态的指导地位

意识形态关乎旗帜，关乎道路，关乎国家政治安全。党在任何时候都坚持把意识形态工作放在极端重要的位置，高校培养的是担当民族复兴大任的时代新人，因而是意识形态工作的前沿阵地。党的十九届四中全会审议通过的《中共中央关于坚持和完善中国特色社会主义制度、推进国家治理体系和治理能力现代化若干重大问题的决定》，强调要“坚持马克思主义在意识形态领域指导地位的根本制度”，并作出一系列重大部署。这是我们党第一次把马克思主义在意识形态领域的指导地位作为一项根本制度提出，不仅体现了党对意识形态领域问题的认识进一步深化，也预示着概论课在传播马克思主义真理方面将要承担更艰巨和重要的工作。从课程性质来说，概论课是进行马克思主义中国化尤其是习近平新时代中国特色社会主义思想教育的主阵地和主渠道；从讲授对象来说，广大青年是中国最有希望和活力的一代，但是青年的理想信念尚不坚定，世界观、人生观、价值观还没有真正确立，因而需要正确的引导。正如习近平总书记指出的，青少年阶段是人

生的“拔节孕穗期”，最需要精心引导和栽培。[1]

加强对广大青年的主流意识形态引领，就是引导他们系好人生的第一粒扣子，引导他们成长为理想信念坚定、政治素质过硬的国之栋梁。准确把握概论课的意识形态属性，关系着学生能否成为坚定的马克思主义信仰者，做到真学真懂真信真用；[2] 也关系着学生能否真正理解中国共产党为什么“能”，中国特色社会主义为什么“好”，归根到底是因为马克思主义“行”，增强“四个意识”、坚定“四个自信”；也关系到青年一代能否树立正确的世界观、人生观、价值观，在众多社会思潮中明辨是非、站稳立场、敢于亮剑。因此，只有推动概论课改革创新，用马克思主义中国化的真理力量说服学生，使学生真正信仰马克思主义，运用马克思主义，才能更好地巩固马克思主义在意识形态领域的指导地位。

2. 概论课改革创新能更好落实立德树人的根本任务

随着全面建设社会主义现代化强国新征程的开启，国家需要越来越多的优秀人才，思想政治教育也变得越来越重要。思政课作为落实立德树人根本任务的关键课程，也受到党中央的高度关注。概论课改革创新事关立德树人根本任务，需要用概论课所展现出来的马克思主义真理力量说服学生，引导学生，更好地完成立德树人的任务。立德树人包含了立德和树人两层意思，从立德层面来看，概论课主要是对学生进行马克思主义中国化主要理论的教育，使其树立中国特色社会主义共同理想和共产主义远大理想，拥护党的领导和中国特色社会主义制度，也就是教育学生

---

[1] 习近平：《用新时代中国特色社会主义思想铸魂育人 贯彻党的教育方针落实立德树人根本任务》，2019 年第 1 版。

[2] 王易：《高校思想政治理论课改革创新的多维解读》，《马克思主义理论学科研究》2020 年第 5 期。

"立大法"。在树人层面，我们走的是中国特色社会主义道路，具有与众不同的历史和文化及独特的国情，为此，概论课必须立足中国国情，为中国特色社会主义服务，不能培养其他别的什么建设者和接班人，更不能培养旁观者、反对派或掘墓人，[1] 高校概论课培养的必须是合格的社会主义建设者和接班人。因此，只有推动概论课改革创新，才能更好地发挥概论课育人的宗旨，更好地展现马克思主义的真理力量。

3. 概论课改革创新能为更好推动中华民族伟大复兴的进程提供精神力量

概论课改革创新事关中华民族伟大复兴。习近平总书记指出："青年兴则国家兴，青年强则国家强。青年一代有理想、有本领、有担当，国家就有前途，民族就有希望。"[2] 大学生是青年当中的中坚力量，是担当民族复兴大任的时代新人，是实现第二个百年奋斗目标的建设者。新时代青年要担负起实现中华民族伟大复兴的重任，不仅要有扎实的本领技能，还要有坚定的理想信念。概论课承担着贯彻党的教育方针的重要任务，承担着为党育人、为国育才的重要使命，是培养担当民族复兴大任时代新人的政治课、理论课和信仰课，是全体青年学生都要学习和掌握的灵魂课程。办好概论课，就要坚持立德树人、铸魂育人，就要引导学生增强中国特色社会主义道路自信、理论自信、制度自信、文化自信，厚植爱国主义情怀，把爱国情、强国志、报国行自觉融入坚持和发展中国特色社会主义事业、建设社会主义现代化强国、实现中华民族伟大复兴的奋斗之中去。因此，概论课改革创新是进

---

[1] 王易：《高校思想政治理论课改革创新的多维解读》，《马克思主义理论学科研究》2020 年第 5 期。

[2] 《十九大以来重要文献选编》（上），中央文献出版社，2019，第 49 页。

一步夯实青年学生信念根基、道德认知的重要举措，是培养堪当民族复兴大任时代新人的重要依托，是展现马克思主义真理力量的重要手段，必将为实现中华民族伟大复兴的中国梦发挥重要力量。

第二节　十八大以来高校概论课教学改革创新的现状

党的十八大以来，各级党委、教育主管部门以及高等院校以习近平总书记重要讲话精神指导概论课教学，取得了显著的成效。各高校积极贯彻落实习近平总书记在全国高校思想政治工作会议上的讲话精神，成绩有目共睹，概论课教学效果总体良好，但也存在诸多问题。[1]

一、十八大以来概论课教学改革取得的重要成就

党的十八大以来，习近平总书记高度重视思政课建设，把思政课看作“是落实立德树人根本任务的关键课程”，并围绕思政课建设提出一系列原创性的新思想新观点新论断，作出一系列重要部署，为马克思主义思想政治教育理论宝库增添了新的内容。习近平总书记关于思政课建设的一系列讲话和部署，为新时代概论课教学改革创新指明了前进方向，概论课教学改革取得历史性成就。

---

[1] 徐建飞：《焦点与前瞻：高校思想政治理论课教学质量提升研究》，《周口师范学院学报》2019 年第 6 期。

1. 概论课教师队伍不断发展壮大，结构更加合理

习近平总书记指出："办好思想政治理论课关键在教师，关键在发挥教师的积极性、主动性、创造性。"[1] 针对一个时期以来概论课教师队伍被虚化、弱化这一事实，《中共中央、国务院关于加强和改进新形势下高校思想政治工作的意见》对高校思政课的师生比作出了明确规定，各大高校纷纷引进包括概论课教师在内的思政课教师，概论课教师队伍迅速扩大，减轻了教师的教学压力，为教师上好课提供了时间上的保证。同时，随着一大批青年教师的加入，概论课的教师队伍注入了新的活力，改变了以往教学队伍以中年和老年为主的年龄结构，有利于发挥老教师教学经验丰富和青年教师敢于创新的优势，形成"以老带新、以新促老"的概论课教师队伍新格局。可以说十八大以来，概论课教师队伍在数量上不断充实，在结构上不断优化，这是概论课教学改革取得重大成就的一个缩影。

2. 教学方法不断丰富

习近平总书记在中国人民大学考察调研时指出：思政课的本质是讲道理，要注重方式方法，把道理讲深、讲透、讲活。好的教学方法是讲好概论课的重要前提。党的十八大以来，概论课在教学方法上所取得的成就主要包括三个方面。

一是新媒体技术在概论课的教学过程中得到了广泛的运用。新媒体技术具有即时性和交互性的特点，扩展了概论课教学的时间和空间，有力地助推了教学方法的改革创新。目前，概论课的教学不仅仅限于线下的实体课堂，还包括线上的"慕课"、"云课"

---

[1] 习近平：《用新时代中国特色社会主义思想铸魂育人 贯彻党的教育方针落实立德树人根本任务》，《人民日报》2019 年 3 月 19 日第 1 版。

以及各种虚拟仿真课等。这些线上课程的出现，丰富了概论课教学的呈现方式，扩展了概论课的学习边界，标志着新媒体技术的融入取得重要进展。

二是传统的以单向灌输为主的教学方法得到了极大改变，多种教学方法应用于概论课的教学之中。目前，互动式教学法、启发式教学法、小组讨论教学法、案例教学法、专题教学法、情景（境）教学法、任务驱动教学法、体验式教学法、影像教学法在概论课教学中得到广泛应用。教学方式正在实现从说教式向互动式的转变，学生的主体地位得到凸显，课堂参与度得到提高，学生的学习兴趣得到进一步激发。

三是概论课考核方式不断改进。除传统的课堂到课和期末试卷考核等方式外，课外实践考核、课堂展示考核、课后作业考核也得到了广泛运用，在知识传授的同时注重对学生综合素质的培养。

3. 教学理念不断创新

高校概论课教学改革创新归根结底还是教学理念的创新。好的教学理念是良好教学实践的先导，对概论课教学质量的提高发挥指引作用。党的十八大以来，概论课教学工作者以习近平总书记关于加强思政课建设的重要论述为指导，不断更新教学理念，赋予了概论课教学理念新的时代内涵。

一是坚持以人为本理念。以人为本是进行各种教学活动的基本遵循，概论课教学也不例外。概论课教师通过增强课堂教学的互动性，选择学生参与感强，有利于突出学生主体地位的教学方式，选择与学生日常生活联系紧密、学生喜闻乐见的教学内容来进行教学，极大地激发了学生学习概论课的兴趣。

二是坚持立德树人理念。习近平总书记把立德树人作为思政课的根本任务，这也指明了概论课的课程性质和任务。在“立德”方面，概论课作为介绍马克思主义中国化的理论成果的核心课程，要以社会主义核心价值观为引领，使学生树立中国特色社会主义共同理想和共产主义远大理想，培养为人民服务的崇高品德。在“树人”方面，坚持理论联系实际，不仅注重对学生对理论知识的掌握，还注重对学生实践能力的培养，努力把学生培养成有理想、有本领、有担当的时代新人。

三是坚持“大思政课”理念。概论课作为思政课的重要组成部分，也应该跳出课堂上的“小圈子”，走进社会的“大课堂”。“大思政课”为思政课教学提供了有力支撑，将思政课的“课堂空间”与社会生活的“实践空间”更好结合起来，深刻推动思政课教学体系的改革创新。

4. 教学管理体制不断完善

完善的教学体制是提高概论课教学质量的重要保障。党的十八大以来，高校思政课教学体制不断健全，为概论课教学质量建设提供了有力支撑。

在党的领导方面，一是高校党委加强了对思政课建设的领导，明确了高校党委建设思政课的主体责任，党的领导贯穿到思政课建设的全过程和各方面，为概论课教学质量提升提供了坚强组织保障。

二是加强了对概论课教学的管理，概论课课程标准的不断完善，为概论课的教学提供了基本遵循。《新时代学校思想政治理论课改革创新实施方案》对概论课的学分、课时、教学目标等作出了明确规定；概论课教材的修订速度明显加快，尽可能反映了时代和社会发展的要求；概论课的班级授课规模得到控制，传统的“大班制”授课方式逐渐为“中班制”和“小班制”所取代，概论课教学环境和质量得到极大改善。

三是完善了概论课的教学评价机制。评价更为合理和科学，构建了一个包括学生评价、教师自我评价、教师互评、社会评价等多方面的评价体系。评价体系以提升概论课的教学质量为导向，有效地解决了概论课评价的形式主义问题，有力地促进了概论课教学质量的提升。

二、当前概论课教学改革创新面临的新问题

当前，进一步推进以教学方法、教学理论、教学内容、教学模式等为核心的教学改革创新已经成为高校概论课教学团队的共识。但是，改革是一场革命，更是一项系统工程。因此，任何一门课程的教学改革都会遇到一定的阻力和问题。

1. 课程改革方面的问题

2005 年中共中央宣传部、教育部《〈关于进一步加强和改进高等学校思想政治理论课的意见〉实施方案》中把概论课学分设置为 6 学分，2020 年中共中央宣传部、教育部又下发了《新时代学校思想政治理论课改革创新实施方案》中将概论课的学分调整为 5 学分，虽然相比“05 方案”的学分设置有所降低，但仍然是高校思想政治理论课程中学分最多、最重要的一门课程。根据高校学分与课时设置的普遍规律，概论课的学时大概为 90 个学时，看似较为宽裕，但是相对于概论课的课程性质来说，其学时仍捉襟见肘。概论课内容较多，涉及马克思主义中国化三次历史性飞跃所取得的理论成果，即毛泽东思想、中国特色社会主义理论体系以及习近平新时代中国特色社会主义思想。同时，概论课涉及经济、政治、文化、社会等各个方面的知识，政治性强且理解难度大，这就造成了庞杂的教学内容与有限的教学课时之间的矛盾。这一

矛盾的产生会造成两个方面的问题：一是在教学过程中，由于有限课时的影响，概论课教师很难做到教学层次鲜明，重点突出；二是受到教学内容较多的影响，概论课教师只能压缩与学生互动的时间，从而影响教学的实效性。

2. 教学理念改革的问题

思政课关系到高校学生能否树立正确的人生观、价值观和世界观，对于高校大学生来说十分重要。当前，随着新的教学理念的引入，概论课的教学方式方法都发生了很大改变，不仅激发了学生的兴趣，而且提高了教学的实效性。但是，概论课在教学理念方面仍然面临着两个主要的的问题：一是部分概论课教师没有充分认识到思政课的功能和价值，只是把概论课和简单的知识传授结合起来，没有意识到课程的人文教育功能和思想引导功能。例如，在讲授教材中的某个相关政策或方针时，只是单纯的讲授其用途以及效果，而没有从深层次的角度去分析为何会制定相关政策或方针，没有阐明我们党的政策背后的人民立场和初心情怀，没有对学生进行积极和正确的思想引导，从而导致概论课的政治性和思想性被弱化。二是传统的教学理念仍然在概论课的教学中占据了主导地位。概论课不仅要将党的基本理论、方针和政策牢记于心，更要理解其背后的思想内涵，然而传统的教学理念仍然倡导死记硬背，学生更多的是为了成绩而学习，这在程度上也降低了概论课教学的重大意义。

3. 教学方式改革的问题

习近平总书记指出：“要用好课堂教学这个主渠道，思想政治理论课要坚持在改进中加强，提升思想政治教育亲和力和针对性，满足学生成长发展需求和期待，其他各门课都要守好一段渠、种好责任田，使各类课程与思想政治理论课同向同行，形成协同效应。”[1] 但是在思政课程和其他各类课程形成协同效应的过程中，思政课程和课程思政建设都遇到了困境。从概论课本身来看，概论课要求教师有深厚的马克思主义理论功底、广阔的历史视野和敏锐的洞察力，部分概论课教师特别是青年教师在这些方面还有所欠缺，课堂教学效果还有待提高。从课程思政建设来看，部分人文社会科学教师对博大精深的马克思主义理论缺乏深刻的认识，对马克思主义的理解还存在偏差，对学生的思想引导可能出现方向性的错误。有些自然学科的教师对马克思主义的真理力量认识不足，认为思想政治理论课“无用”，使得思想政治理论课与自然科学课程之间没有充分融合。

4. 教学内容改革的问题

相对于其他思想政治理论课程，概论课与时政结合最为紧密，时效性最强，教学内容更新速度最快。当前概论课教学内容改革方面主要存在三个方面的问题：一是部分教师的授课内容与现实生活存在脱节。虽然概论课教材会经常性的修订以最大限度地保证其内容符合现实生活，但其出版时间与使用时间相对于现实生活仍稍显滞后。部分教师仍然以教材为主，导致其授课内容与学生的实际生活相冲突，降低了学生的学习兴趣。概论课的讲授必须与当下发生的热点事件和党的政策紧密结合，不能局限于课本教材，这样才能跟上社会发展的节奏，更好地回应学生的困惑。二是概论课课堂讲授内容覆盖面有待拓展。当今社会践行社会主义核心价值观、弘扬“真善美”是主流，但也存在少数“假恶丑”的现象，当学生直面社会的各种现象时，其

---

[1] 习近平：《把思想政治工作贯穿教育教学全过程 开创我国高等教育事业发展新局面》，《人民日报》2016 年 12 月 9 日第 1 版。

头脑中理想化的知识体系会与纷繁复杂的社会现象相冲突，使概论课的教学内容改革陷入困境。三是教学资源匮乏。在教学过程中，由于缺乏教学资源，部分概论课教师存在“以理论去证明理论”的现象，缺乏相关资源的实践证明，教学资源改革进展较为缓慢。

5. 概论课考核改革的问题

当前概论课考核改革面临以下几个问题：一是考核方式与教学目标之间有冲突。概论课的教学目标主要是使学生坚定走中国特色社会主义的信念，理解中国共产党为什么能，中国特色社会主义为什么好，马克思主义为什么行。但高校概论课考核基本是以闭卷考试为主，这种考核方式只能看到学生对课本知识的掌握情况，无法看到学生的情感、立场、信念等情况，这就导致了学生单纯追求试卷分数的功利行为，而忽略了自身情感和信念的提升，这与概论课的教学目标背道而驰。二是考核方式过于简单化。大部分高校对学生的考核仍然以平时出勤和期末卷面成绩为主，平时出勤纳入总成绩之后，学生到课率虽然得到提高，但仍然无法增加学生学习的积极性，出现学生“人在心不在”的现象。三是概论课实践考核的缺失。重视理论联系实际是马克思主义的鲜明品格，应该成为概论课教学的特色。实践教学是近年来概论课教学改革的重点方向，但是由于受学生安全和老师精力不足等多方面因素的影响，实践教学面临着许多困难。也没有把实践教学真正纳入考核之中。比如，近年来，湖南省高校一直在举办大学生思想政治理论课研究性成果展示竞赛，也有很多同学获得省级奖励。但是，这个奖励对于学生评奖评优有一定用处，但与他考试的成绩无关。

第三节　探索概论课教学改革创新机制的重要路径

要推进概论课教学改革创新，必须在充分认识概论课教学改革重要意义的基础上，从教学理念、教学方法、教学手段等方面着手。

一、提高对概论课教学改革创新重要性的思想认识

概论课教学改革是落实立德树人根本任务的内在要求。立德树人是高校培养人才的根本任务。概论课作为落实立德树人根本任务的关键课程之一，必须结合新的时代条件，不失时机地进行教学改革创新，提高概论课教学的实效性，充分发挥概论课具有的生机与活力。党的十八大以来，习近平总书记高度重视思政课建设，思政课的重要性愈加凸显，思政课在高校课程体系中的地位愈发重要，思政课建设取得了显著成效。伴随着思政课建设取得显著成效的同时，概论课教学也面临着许多新问题、新任务和新挑战。改革是社会历史发展的重要动力，是事物不断完善自身、实现更好发展的重要手段，概论课也不例外。当前，概论课在教学内容、教学方法以及教学空间等诸多方面还存在一系列问题，要把概论课建设得更好，要培养能担当民族复兴大任的时代新人，为实现第二个百年奋斗目标选好人、育好才，真正落实好立德树人的根本任务，就必须推进概论课教学的改革创新。[1]

---

[1] 和洪星：《浅谈高校思政课的改革创新》，《学园》2019 年第 12 期。

一是必须认识到概论课教学改革创新是更好传播马克思主义真理力量的必然要求。马克思主义是真理，是指导人民过上美好生活的行动指南。创新发展性是马克思主义的鲜明品格马克思主义之所以能始终站在道义的制高点并越来越展现出强大的生命力，主要在于马克思主义经典作家对马克思主义的开创和奠基，在于中国共产党历代领导人对马克思主义的继承和发展。当今的时代条件与马克思所处的时代已经发生了巨大的变化。新媒体实现快速发展趋势，马克思主义中国化理论创新新境界不断开辟，而概论课要讲授的内容正是中国化的马克思主义，发展着的马克思主义。因此，不断改革概论课教学的内容与形式便成为迫切需要。必须在创新中不断丰富传播中国化马克思主义创新理论的方法，把概论课的教学内容讲透讲活，引导学生用毛泽东思想和中国特色社会主义理论体系的立场和方法去观察世界，去分析当代中国发展的现实问题，使学生站在战略和全局的高度思考和掌握理论发展的规律。教学的改革创新是概论课建设的必然趋势。只有通过改革，才能使思政课建设沿着正确方向前进，也才能满足学生对概论课教学内容的新期待，更好地展现马克思主义的真理力量。不然，概论课的建设就陷入困境，不仅不能有效传播马克思主义的真理力量，还有可能弱化马克思主义在我国意识形态领域的指导地位。因此，概论课教学的改革创新是使马克思主义中国化的理论成果真正进入学生头脑，更好传播马克思主义真理力量的必然要求。[1]

二是必然认识到概论课教学改革创新是适应时代发展要求的必然选择。当前，中国特色社会主义进入了新时代，我国的国际

[1] 雷略：《高校〈概论课〉教学改革问题探析》，《山西青年》2020 年第 9 期。

地位和国际影响力大幅提升，我国正处于中华民族伟大复兴战略全局和世界百年未有之大变局的历史交汇期，全面小康社会如期建成，开启了实现第二个百年奋斗目标的新征程。但与此同时，我国发展仍面临一系列深层次问题，改革发展稳定的任务艰巨繁重，社会主义市场经济的发展虽然满足了人民日益增长的美好生活需要，促进了我国生产力的快速发展，但也把各种思想带入我国，其中不乏一些错误思想，这对马克思主义在意识形态的指导地位构成挑战；国际上，以美国为首的西方国家对我国推行“和平演变”战略，加紧对我国进行思想渗透，企图制造思想上的混乱。在国内环境和国际形势的影响之下，高校学生在思想上极易出现困惑，一旦得不到正确的引导和处理，就容易在思想上和行为上偏离马克思主义的要求。同时，在概论课课堂上，当学生发现讲授的内容与自己的实际认知出现偏差时，又会对教师提出新的问题，对概论课教师提出了较高的要求，增加了上课难度。这就促使概论课教学必须进行改革创新，用学生喜闻乐见的教学内容和形式进行教学，以消除各种错误思想对学生的影响，使马克思主义的正确思想在学生头脑中生根和开花，引导广大青年学生扣好人生的第一粒扣子，培养出一大批合格的、有信仰的社会主义建设者和接班人。❶

二、实现教学内容的与时俱进，增强概论课教学的创造性

1. 整合教学内容

概论课教材由中宣部、教育部统一组织编写，集中反映党的

---

❶ 周艳华、姜瑞林：《师范院校〈概论课〉教学改革问题研究》，《学理论》2015年第15期。

理论创新的最新成果，具有较强的政治性、思想性和针对性。概论课教材是对马克思主义中国化理论成果的高度凝练。但是，不同学校、不同地区的学情差别较大，要想实现概论课教材内容真正进入学生头脑，提高概论课教学的时效性，就必须实现从概论课教材体系向教学体系的转变。❶ 由于概论课课时紧张且教学内容较多，概论课教师要充分熟悉教材的框架体系，对教材的相关内容进行有选择性的精讲，要突出概论课教学的目标和主题，有的放矢地进行教学。同时，要根据时代和实践的发展，对教学内容进行及时的补充。由于概论课时效性强，党的最新会议精神、最新政策和理论不能及时地在课本中呈现，概论课教师既要立足教材又要走出教材，及时将相关内容引入课堂。最重要的是，教师要将知识讲授与社会热点问题结合起来。只有把教材上的理论与社会发生的实际结合起来，才能引起学生思想和情感上的共鸣，才能真正说服学生。在教学内容设置上，要实现教学内容的“四关注”和“一突出”，❷ 及时回应学生关注的焦点问题，解答学生的思想困惑，提高学生学习的兴趣。

2. 教学要做到与时俱进，增强教学的创造性

随着马克思主义中国化的深入推进，许多新论断新观点不断被提出，即使概论课教材经过了几次修订，尽可能地保证了教材内容的与时俱进。但是，概论课教材仍无法反映该书出版后一段时间的理论和实践，仍具有一定的滞后性，不能完全反映马克思主义中国化的最新成果。因此，坚持概论课教学的与时俱进是提

---

❶ 姜燕：《高职思政课教材体系向教学体系转化的探讨》，《湖北工业职业技术学院学报》2016 第 5 期。

❷ 张春梅：《高校思政课教材体系向教学体系转化路径探析——以概论课为例》，《学理论》2014 年第 12 期。

升概论课教学质量的重要方面。要做到概论课教学的实时俱进，首先，教师要及时将新的重要讲话和重要会议的精神以及党最新的路线方针政策充分融入课堂教学之中。其次，教师在教学中要充分利用国际国内的一些热点问题和那些容易使大学生思想出现困惑、价值判断出现问题的现实案例融入教学，运用概论课的相关理论对这些热点问题和典型事例进行分析，启发学生独立思考，真正做到理论联系实际。这样，既能够使学生感受到马克思主义的真理力量，使学生真正信服真理，拥护真理，又能使学生在实际分析问题和解决问题的过程中增强对概论课的学习兴趣。

三、以学生为本进行教学设计，增强学生学习概论课的获得感

1. 构建学生易于接受的教学话语体系

要想把概论课讲好、讲活，必须要让教学话语更接地气。也就是说，必须构建学生易于接受的教学话语体系。概论课教材内容多且教材话语体系较为晦涩难懂，学习起来难度较大。这就需要教师在教学中坚持以学生为本的理念，将全面复杂的教材内容转化为重点突出、针对性强的教学内容，精讲重点、难点问题；将晦涩难懂的教材话语转化为学生易于理解、乐于聆听的教学话语，使教学话语富于生活气息，把较为难懂的理论转变为通俗易懂的言语，使学生在听懂的基础上增加对理论的认同感。要在课堂中善于为学生讲故事，以故事为载体传授知识，要讲好中国的故事，讲好中国共产党的故事，这不仅可以吸引学生的注意，激发学生的学习兴趣，而且可以使学生在听故事中进一步理解知识。

2. 创新教学方法

传统的单向灌输式的教学方法已不适合概论课创新发展的要

求。要改变这种教学方法，必须增强概论课的互动性，增加学生在课堂中的话语权，拉近教师与学生之间的距离，做到教师主导与学生主体的有机统一，实现教师主宰向师生互动转变。

要增强学生对概论课理论知识的情感认同，就必须运用情景体验式的教学方法。传统说教式的教学方法中，教师处于绝对主导地位，学生与教师之间只存在单向性联系。学生不愿接受这种灌输式的教学方法，学习兴趣较低。而情景体验式的教学方法能够使学生将自己的情感带入特定情境中，亲身体验到情景背后所蕴含的理论知识，不仅能够吸引学生的注意力，还培养了学生的能力，使学生在情景体验中潜移默化地学习到了知识，把课堂充分交给了学生。因此，概论课教师可以通过多媒体、情景模拟以及社会实践充分开展情景教学，实现说教式教学向情景体验式等多维教学的转变。由于概论课教师研究和专注的方向各有侧重，每个教师都有自己擅长的教学内容，可以改变目前一人一课的教学模式，实现一人一课向教学团队一课或多人一专题的转变。[1]

要增强学生的获得感，必须还必须增强课堂的互动性。增强概论课课堂的互动性，一方面可以扩大学生在课堂的话语权，调动他们的课堂主动性，使他们可以对自己感兴趣或者较为了解的话题发表自己的意见。另一方面由于当代大学生社会意识的增强以及获取信息渠道的增多，学生势必会针对自己的困惑向老师提出问题，如果教师不能对学生所提出的问题进行很好的回答，老师的权威势必受到影响，由此督促教师不断提高理论素养，提高教学能力，形成良性循环。此外，教师可以采取如专题式教学、讨论式教学、对比式教学等方法，调动学生的积极性，活跃课堂

---

[1] 白玉波：《高校思政课情景体验学习模式的设计与运用》，《智库时代》2020 年第 13 期。

氛围，提高教学质量。

3. 创新教学载体

当今社会，新媒体技术快速发展，这为概论课的教学提供了新的机遇。因此，教师要充分利用新媒体发展的机遇，扩展概论课教学的载体。新媒体可以把概论课的教学渠道从线下扩展到线上，从有限的课堂扩展到无限的网络。必须充分利用高新技术，提升概论课课堂趣味。教师可以建立概论课教学的微信公众号，在公众号上发布概论课的相关理论知识，吸引同学参与和评论。要利用微博、抖音等学生喜闻乐见的互联网应用软件，建立相关账号，制作概论课短视频，充分发挥互联网即时和互动的特点，吸引学生参与其中，阐述自己的观点，并提出自己的困惑。概论课教师必须对学生的观点和困惑进行及时的引导和解答，增强线上教学的活力。教师还要重视实践教学，让学生走出课堂，深入到社区和工厂，以宣讲的形式传播党的路线、方针和政策，从而在思政小课堂与社会大课堂的结合中，既加深学生对理论知识的理解，又增强大学生的理论宣传能力，彰显新时代青年学生的使命担当。

4. 丰富课程资源

一是要利用好本土的概论课教学资源，推进概论课教学的本土化。每个地方都有优美的环境，独特的历史和丰富的文化。要坚持把概论课教学与本土特色结合起来，使概论课的相关知识符合学生日常生活的实际，贴近学生的生活，增强学生学习兴趣。二是要善于运用现代互联网平台，创建以慕课、微课、微视频等为主的网络《概论》课程，克服传统线下课堂不可回放的缺点。学生可以对课上不理解的或者难于理解的相关知识，在线上课堂中反复观看，使学生能够充分利用电脑、手机等互联网终端，足不出户的进行概论课学习。三是要充分挖掘各种社会资源。概论课是一门理论与实际紧密结合的课程，教师必须打破教材内容等于课程资源的狭小界定，用开放的教育理念引导学生把学习范围扩大到课堂以外，及时地安排学生参与社会实践，开展参观、调查、考察等活动，拓展学生视野，激发学生探究问题的欲望。❶

四、要加强概论课教师队伍建设，打造一支结构合理，专业素质过硬的教师队伍

概论课教师在教学中处于主导地位，教师素质的高低是决定概论课教学质量能否得到提升的关键。习近平总书记说：“亲其师，才能信其道。要有堂堂正正的人格，用高尚的人格感染学生、赢得学生，用真理的力量感召学生，以深厚的理论功底赢得学生，自觉做为学为人的表率，做让学生喜爱的人。”❷ 所以，要打造让学生“解渴”“共鸣”“回味”的高品质概论课，必须狠抓教师队伍建设。首先，要加强概论课教师的师德师风建设，增强教师的人格魅力。概论课教师是党对青年进行系统的马克思主义中国化理论教育，使青年坚定正确政治方向的承担者。目前，少数概论课教师缺乏足够的敬业精神，面对概论课政治性和理论性强的特点，一些教师抱怨“课难教，教师难做”，并以此为借口放松对自己的要求，甚至形成了教师和学生“双向应付”的情况。因此，要让概论课成为学生终身受益的课程，就必须加强师德师风建设，

---

❶ 韦业芳：《开发和利用课程资源 增强思政课实效》，《中学教学参考》2012 年第 21 期。

❷ 习近平：《用新时代中国特色社会主义思想铸魂育人 贯彻党的教育方针落实立德树人根本任务》，《人民日报》2019 年 3 月 19 日第 2 版。

主要是培养教师的敬业精神，引导教师向优秀思政课老师学习，使其全身投入概论课的教育教学当中。二是要加强对概论课教师的培训，使概论课教师具有扎实的理论功底。讲好概论课，要求教师比较完整和准确地掌握马克思主义基本理论、立场、观点和方法。如果教师不具备较高的马克思主义理论素养，就容易在教学中出现偏差，向学生传授一些“似马非马”的理论。❶ 因此，概论课教师要加强理论修养，做到既精通课本，吃透教材，又尽可能多地学习和了解经济、法律、历史、心理学、现代教育理论等方面的知识；既注重专业理论的学习，又要潜心于教学艺术的研究。为了实现这一要求，高校要创造有利环境，通过研修培训、学术交流、攻读学位、项目资助等方式，提高教师专业水平和教学能力。❷

五、完善以“课堂教学管理”为核心的质量监管体系

俗话说，严师出高徒。教师的严格要求是学生成长成才的关键，也是提高概论课教学质量的前提。对于采用大班制授课的概论课教师来讲，能否采取有效的课堂管理手段规范教学秩序，直接影响到概论课的教学效果。加强课堂管理，一是最好对学生的座位进行固定，相对于小班制，传统的点名课堂管理方法显然不适用于大班制，采用固定座位的方法，学生旷课迟到等课堂不良行为将会得到有效遏制，使学生认识到大班制并不意味着教师要松于管理。二是精心组织教学内容。教师应在每次上课之前认真

---

❶ 张玲玲：《“毛泽东思想和中国特色社会主义理论体系概论”课教学中的主体缺位问题及其对策研究》，《思想教育研究》2017 年第 7 期。

❷ 徐伟：《“毛泽东思想和中国特色社会主义理论体系概论”课课堂教学中存在的问题及对策思考》，《湖北经济学院学报（人文社会科学版）》2013 年第 8 期。

备课，运用多种教学手段设计组织每一堂课。要尽可能地运用视频、电视、电影等声像教学法以及采取小组讨论、辩论等方式提高学生参与课堂教学的积极性，做到既严格管理课堂纪律，又通过多种方式活跃课堂气氛，提高《概论》课的课堂教学效果。❶

提升概论课教学质量只有进行时，没有完成时。教师要不断在理论研究和实践教学中不断突破制约概论课教学质量提升的瓶颈，不断推进教学改革与创新，让大学生真正从概论课中获得源源不断的精神动力，❷ 让马克思主义的真理力量更加充分地展示出来。

---

❶ 贾龙飞、邓伟：《提升高职〈概论〉课课堂教学质量的对策探析》，《湖北函授大学学报》2011 年第 2 期。

❷ 龚晓莺、李雯静：《制约毛泽东思想和中国特色社会主义理论体系概论课教学质量提升的问题及对策》，《教育观察》2020 年第 45 期。

CHAPTER 05 >>

第五章

完善以提升概论课教师实践能力为目的的实践教学机制

开展实践教学已成为各高校破解概论课教学难题、提高教学实效的有效路径，各高校在实践教学的内容和形式设计上积极探索，初见成效。相对而言，实践教学机制的构建尚未引起深度关注。目前，不健全、不科学的实践教学机制已成为制约概论课实践教学效果的“瓶颈”。为此，只有完善以提升概论课教师实践能力为目的的实践教学机制，才能使实践教学达到应有的效果。

第一节　实践教学是概论课教学团队“传递21世纪马克思主义真理力量”的重要舞台

习近平同志在党的十九大报告中指出：“时代是思想之母，实践是理论之源。只要我们善于聆听时代声音，勇于坚持真理、修正错误，21 世纪中国的马克思主义一定能够展现出更强大、更有说服力的真理力量！”[1] 十九大报告道出了展现 21 世纪马克思主义真理力量的真谛。21 世纪马克思主义的真理力量就在于能够聆听时代声音、回应时代呼唤，立足实践、坚持真理，推进理论和实践的创新。实践教学作为概论课一种全新的教学方式，其核心就是实践，其灵魂就在创新，而 21 世纪马克思主义真理力量来自实践、来自创新。[2] 因此，可以说实践教学就是“展现 21 世纪马克思主义真理力量”的重要舞台。

一、实践教学展现了立足实践的本质

立足实践是 21 世纪马克思主义真理力量展现的本质要求。实践是认识的基础，是理论的来源，只有立足实践才能展现真理力量的魅力，才能切实解答实践中产生的现实问题。实践是马克思主义最显著的特征，离开了实践，21 世纪的马克思主义就无从提炼和总结出规律性成果，也无从上升为系统化的学说，更无从展现其真理的力量。21 世纪的马克思主义强大的生命力正在于其与时俱进的品格。

21 世纪的马克思主义不是书斋中的学问，而是来自于实践、归之于实践、用于指导实践的理论。实践教学作为概论课教学团队“展现 21 世纪马克思主义真理力量”的重要舞台，是学校和概论课教师的实践经验和集体智慧的结晶，其中包含着概论课教师在日常教学实践中对教学方式的创新和发展，而且更为突出地体现了概论课教师对教学实践经验的提炼和概括。例如，分组教学

---

[1] 《决胜全面建成小康社会 夺取新时代中国特色社会主义伟大胜利》，《人民日报》2017 年 10 月 19 日第 2 版。

[2] 张雷声：《21 世纪马克思主义中国化的真理力量》，《人民论坛》2017 年 S2 期。

作为课内实践教学的一种教学方式，就是教师多年教学经验的总结。相对于其他教学形式，分组教学具有很多优势：一是有利于锻炼学生的合作能力。组内以特定的合作目的为小组的共同目标，使学生走向工作岗位的合作能力得到提升。二是有利于提高学生的竞争意识。单纯校园环境使学生主体的竞争意识较薄弱，适当的正确的竞争引导可以激发学生的学习自主性，促进学校与社会的衔接教育。三是有利于学生充分地表达自己的想法。在分组教学中采用的无领导小组讨论，是一种采用情景模拟方式进行评价的测评技术，就是让学生通过体验式教学，感受到愉悦和充实，从而激发起自己对概论课的学习热情。这有利于缓解学生对概论课枯燥无味的刻板印象，解决学生对概论课学习兴趣低迷的问题。

解决好概论课实践教学面临的现实问题彰显出强烈的问题意识。马克思主义具有强烈的问题意识。没有问题就没有马克思主义，没有问题就无从发展马克思主义。❶ 随着学校概论课实践教学的深入发展，学校概论课实践教学面临一系列问题，较为突出的有概论课实践教学考核评价机制不完善；教师实践课堂教学管理水平不够高；概论课教学实践与专业课社会实践没有协同发展等。学校概论课实践教学所面临的这些问题是不可避免的，概论课教学团队的研究任务是长期而艰巨的，概论课教学团队必须以实际问题为中心，具有强烈的问题意识，以此为基础并将其上升为理论形态，使实践教学成为真正展现21世纪马克思主义真理力量的重要舞台。

二、实践教学彰显了勇于创新的特征

勇于坚持真理，推进理论和实践的创新，是21世纪马克思主

❶ 陈雪雪：《论马克思主义的问题意识》，《学习月刊》2016年第11期。

义真理力量展现的内在动力。坚持马克思主义，就是要在意识形态领域以马克思主义为指导，在实际工作领域贯彻马克思主义；坚持马克思主义，根本在于坚持辩证唯物主义和历史唯物主义，坚持马克思主义的世界观、方法论，掌握马克思主义观察问题和分析问题的立场、观点和方法。21 世纪马克思主义的真理力量，更重要的是体现在发展马克思主义，推进理论创新上。坚持马克思主义不等于“死守”马克思主义的具体结论，发展马克思主义不等于“否定”马克思主义的基本原理。把理论和实践结合起来，用马克思主义基本原理观察和分析实际问题，在实践基础上推进马克思主义的理论创新，正是对马克思主义的坚持和发展。

概论课实践教学也具有勇于创新的特征。开展实践教学是马克思主义理论本质的内在要求，也是让概论课更接地气、入人心的客观需要。之所以说实践教学彰显勇于创新的特征，一是因为实践教学过程中，我们始终坚持马克思主义的指导地位，用马克思主义的实践观、认识论指导实践教学工作的开展。与此同时，马克思主义中国化的创新理论也是实践教学工作的根本遵循。推进马克思主义新时代中国特色社会主义入脑、入心，是开展实践教学的根本目的。二是因为实践教学的探索本身就是一个不断创新的过程。实践教学的探索凝结了以概论课教师为核心的思想政治课教师不懈探索的实践智慧和心血，是概论课教学团队最可宝贵的教学资源和精神财富。为了丰富实践活动形式和完善实践教学方案，教学团队不断推进理论和实践创新，课题研讨、外出调研、网络云端实践、虚拟情景教学等具有特色的实践活动成为学生最喜爱的实践教学形式，引导着大学生把习近平新时代中国特色社会主义思想内化于心、外化于形。实践教学成为大学生感受“21 世纪马克思主义真理力量”的重要平台，更是教学团队传递马克思主义真理力量的重要舞台。

三、实践教学有助于提升概论课教师的马克思主义理论水平

无论是理论教学还是实践教学，都有其存在的价值。实践教学作为概论课教学的重要组成部分，成为概论课教学团队“传递21世纪马克思主义真理力量”的重要舞台。而传递马克思主义真理力量的过程并不一帆风顺，甚至还存在不少“瓶颈”，大致来自以下方面：高校管理者的思想观念亟待更新；教师素质与思政课实践教学要求存在一定差距；教学平台建设未能最大限度地满足思政课实践教学需求；思政课实践教学方法略显陈旧；思政课实践教学考评和总结方式缺乏系统建构。[1] 那么，概论课教学团队该如何在实践教学中传播好21世纪马克思主义真理力量呢？综合目前国内外研究成果，我们认为，概论课教学团队的素质起着至关重要的作用。

教师是组织和实施概论课实践教学的具体执行人，教师素质的高低直接关系到概论课实践教学的成效好坏。为了提升传递马克思主义真理力量的能力，概论课教学团队把全面提升教师队伍素质作为主要抓手。一是提升了政治素质。加强教师政治学习和理想信念教育，使概论课教师充分认识到概论课在国家意识形态教育中的重要地位以及自身所承担的重要历史使命，不断提升教师政治觉悟以及帮助教师树立了“在马言马、在马研马、在马信马、在马爱马”的信念。二是拓宽了知识面和提升技能。概论课实践教学涉及多学科知识和技能，这需要概论课教师具备丰富的知识储备和实践技能。学校定期派遣概论课教师参加各种理论学

[1] 陶利江：《论高校思政课实践教学深度体验的层次结构、制约因素及破解路径》，《河南社会科学》2020年第11期。

习和实践技能培训，不断拓宽教师的知识面以及提升教师技能。三是强化了社会实践锻炼。高校为概论课教师尤其是青年教师创造有利条件，尽可能多地为其提供实践锻炼机会，通过实践锻炼，如外出考察、挂职锻炼等，使概论课教师深入社会、深入实际、深入生活，了解新情况、研究新问题、总结新经验，不断提升其对马克思主义理论、社会现实的认知水平以及自身的组织管理能力和协调能力，从而弥补其社会阅历和实践经验的不足。

总的来说，只有概论课教学队伍的素质得到进一步提升，实践教学的效果才能更加突出，才能最大限度地展现21世纪马克思主义真理力量。

第二节　当前高校概论课实践教学面临的突出问题

近年来，高校一直都在探索思政课实践教学的不同形式，成效显著，为提升马克思主义中国化创新成果铸魂育人实效作出了重要贡献。实践教学与课堂理论教学共同构成高校概论课教书育人的重要阵地。作为与理论教学相呼应的教育形式，实践教学是推进理论和实践相统一的重要载体，是以学生为主体的灵活的教学模式。这一教学形式有利于大学生更好地巩固理论知识，是提升高校大学生的思想政治素质必备的教学形式。高校大学生在实践教学中必然受到潜移默化的影响，能够提高自身的品德修养，更加客观地发现、分析，解决问题，从而正确地树立起科学的人生观、世界观和价值观。增强社会责任感和使命感，使高校大学生能充分地了解社会、熟悉国情、增强能力，对于大学生的知识、情感、行为发挥着积极的促进作用。[1] 然而目前开展的概论课实践教学并不十分令人满意。

一、实践教学考核评价机制亟待完善

实践教学形式在概论课教学中被采用的频率逐渐增加，这表明实践教学的重要作用已经为众多学校所认同。但是，许多学校在开展实践教学的过程中仍然有部分问题没有得到彻底解决。就考核评价机制而言，许多学校存在考核评价主体不明确、考核评价标准不规范、考核评价内容不全面、考核评价方法不科学等突出问题。[2] 不健全的实践教学考核评价机制已成为制约概论课实践教学效果的“瓶颈”，从而使概论课实践化教学的开展达不到教学的实际要求，学校学生思想政治教育的实效性不如人意。问题主要表现为如下几个方面：

1. 考核评价主体单一

实践教学是概论课教学的重要方式，是在概论课教学团队统一教学计划和教学管理约束下开展的教学活动。因此，教学活动的评价必须有学校、院系、教师、学生等多方主体的共同参与。但在实际考核评价中，学校、院系和学生的评价也往往被忽视。本该由多方主体参与的共同评价，实际上变成了教师单方面的评价。这不仅加重了教师的负担，而且造成考核评价主体缺失，最终导致评价结果出现偏差。

目前，大部分高校已经建立了实践教学考评体系。这种考核

---

[1] 王瑞：《高校思想政治理论课实践教学面临的问题与对策》，《绥化学院学报》2011 年第 1 期。

[2] 李邢西：《高校思想政治理论课实践教学考核评价机制构建研究》，《思想教育研究》2017 年第 1 期。

评价体系主要由教学管理部门考评，和师生互评共同构成。随着概论课实践教学课时日益增加，大多数学校或院系已经把概论课实践教学列入学校总体教学计划，制定了具体的实践教学大纲，有的学校和院系还组织编写了实践教学教材。尽管实践教学并没有占用课堂教学时间，但依然纳入学校教学管理范畴，体现了学校和院系对概论课实践教学的重视。因此，实践教学不再是承担教学任务的概论课教学研究部或概论课教师的“家务”，而是学校和各院系的“公务”。因此，教务处作为学校教学的具体主管部门，理应参与概论课实践教学的评价。教师和学生是概论课实践教学的直接参与者和利益关切者，他们最有评价发言权。但现有评价体系过分强调概论课教师的评价主体地位，而忽视了学生的评价主体地位。与此同时，学校与院系的评价主要是通过教学督导的随机抽查而进行，次数不多，而且主观性强，也导致考评过程中出现不公平的现象。更为严重的是，实践教学的成绩在教师职称评聘、评优奖励中没有太大用处。因此，这种考评体系不仅没有全面、真实地反映实践教学的情况，而且还会极大影响教师积极性的发挥。

2. 考核评价指标尚未完全规范合理

规范合理的考核评价指标与标准是考核评价活动得以顺利开展的前提条件。[1] 当前，大部学校对概论课理论教学的主体和客体——教师与学生，都制定了较为严格和全面的评价指标和标准，但实践教学的评价指标和标准则有待进一步思考和完善。大多数学校的概论课实践教学所制定的考核评价指标单一，标准不明确、

---

[1] 李邢西：《高校思想政治理论课实践教学考核评价机制构建研究》，《思想教育研究》2017 年第 1 期。

不规范，难以对概论课实践教学考核评价起到应有的规范和引导作用。

概论课实践教学涉及不同主体。由于角色不同，地点各异，具体评价标准和内容也存在差异。对概论课教师而言，考核应该包括概论课实践教学方案的制定、活动的组织、结果的评定、过程的总结等多个方面。具体来看，一是要求教师必须制定科学的实践教学方案，主要包括实践教学的目标、任务、内容、要求、方式等。二是要求教师必须严密组织实践教学。教师必须亲自参加或监督实践教学活动，要对实践教学进行全程跟踪和指导，甚至要做好应对可能出现的突发事件的预案。三是要求教师必须保证实践教学能够充分发挥育人实效，确保学校、院系和学生的获得感和满意度。四是要求教师必须全面总结实践教学的开展情况。事实上，这些评价内容主要体现的是教师对社会调研的指导工作，而对于理论宣讲、社团指导等实践教学的考核评价，并没有完全体现出来。

对学生而言，考核评价的内容应该包括学生参与概论课实践教学活动的数量与质量。从数量来看，主要包括参加实践活动的次数、类型。从质量来看，主要是指学生的投入与产出，即是否真正投入实践活动中，是否把所学的理论知识与实践相结合。就像有些学者所说的“深度”与“广度”。当前，很多高校对学生参与社会实践的评价简单化，即“任课教师对大学生所撰写的实践论文、调研报告、读书心得等进行批阅的模式，给予直接评分。”[1]学生参加实践教学活动的付出和实际表现并没有得到真正体现。

学校作为概论课实践教学的领导管理部门，对实践教学的重

---

[1] 白淑珍等：《新时代高校思政课网络实践教学和评价体系探析》，《山西大同大学学报（社会科学版）》2022 年第 4 期。

视程度是考核评价的主要指标。这可以通过经费的落实、场地的保障、时间的支持、工作量的认定等指标来体现。但是，在“双一流”建设的大环境下，有些指标也被混合到学科建设当中，教育部门并没有真正审核，一些高校“浑水摸鱼”，导致实践教学的效果大打折扣。

3. 考核评价方法需要进一步规范

实践教学评价内容是指被考核学生参与实践活动后的实际收获，既包括学生所获得的理论知识，也包括学生在实践过程体验中的情感、信念、价值观等方面的提升。由于实践活动开展形式、实践内容及实践所实施的方法等多方面条件的限制，当前的概论课实践教学评价内容主要是考核学生参与实践活动后上交的心得或报告等文字材料，而学生在实践过程体验中的情感、信念、价值观等方面的提升有多大，则未考虑到评价范围之内。这种只重结果轻视过程的考核评价，造成了概论课实践教学考核评价内容的明显缺失，直接影响了概论课实践教学的有效开展。

概论实践教学，是课内与课外结合、校内与校外结合、线上与线下结合的共同成果。教师学生参与过程的时间、精力、情感的投入多少直接决定了实践教学的结果。当然，这个结果包括隐性和显性的两个方面。所以说，考核评价应该要实现过程评价与结果评价、定性评价与定量评价、即时评价与延时评价的三结合。但是，大多数学校对概论实践教学的考核评价存在重结果性评价忽视过程性评价、重单一定性或定量考核评价而忽视定性与定量结合的综合评价两种倾向。这种不科学的考核评价方法直接导致实践教学的开展流于形式，难以深入，教师与学生的真心投入、真切体验、真正收获都无从谈起。

4. 考核制度有待进一步健全

立体、多维、互动的反馈机制和奖惩制度是概论课实践教学考核评价机制不可或缺的组成部分。概论课实践教学的最终目的是使马克思主义中国化理论成果的艺术知识内化为学生的坚定信念，外化为学生的自觉行为。在内化与外化的整个过程中，既离不开学生自身知、情、意的自觉参与，也离不开家庭、社会、学校等多方力量的共同关注。

对于实践教学效果的评价，不能仅看近期学生在课内的表现，还要注意观察学生在家庭、社会、课外等环境中的经常性言行，以确定学生通过实践教学是否确立了应有的信念，并转化为自觉行为。这就要求建立家庭、社会、学校多维参与的、近期与远期兼顾的、常态与瞬态结合的立体互动反馈机制，以全面反映概论课实践教学效果的达成程度，并及时修正和弥补。但是，这正是当前大部分高校最缺乏的机制。多数高校、甚至社会都只关注学生在校内和课堂内的表现，对于学生进入社会后的表现则不太重视。同时，在评价过程中，家庭、社会参与评价程度明显不高。

科学合理的奖惩制度是实践考核评价机制的重要组成部分。为了调动教师和学生的积极性，有些高校也建立起了相应的奖励制度。但是，与教学、科研的奖励力度相比，实践教学的奖励力度还有待大力提高。与此同时，有些学校对参与实践教学热情不够、表现不好、敷衍了事的教师和学生，惩罚机制还不完善。

二、教师实践教学能力有待提升

多数高校思政课教师都比较习惯于传统的思政课教学模式，概论课教师亦是如此。随着工作经验的积累与对教学环境的了解深入，思政课教师在传统课堂中更能发挥专业优势进行理论讲授，但是在实践教学逐渐兴起的当下，部分思政课教师却难以进行实践教学。[1] 具体表现在以下几个方面：

1. 对学生的管理不到位

根据教育部公布的高校思想政治理论课建设标准，所有思政课都实行中班教学、小班研学讨论，课堂规模一般不允许超过100人。但在实际教学过程中，课堂规模远远超过教育部规定的人数，特别是一些地方本科院校。以笔者所在学校为例，每个概论课教学班一般包括4—6个小班的大班教学方式，学生至少在100人，有的甚至超过160人，100人以下的班级占极少数。因此，即使有实践教学内容，授课教师也难以对每个学生做到具体的指导和管理。本来少部分学生就对实践教学存在误解。在他们看来，实践教学就是一种形式，参不参加、效果好坏都不影响最终成绩。还有部分同学本来积极性就不高，在管理不到位的情况下，学生往往采取置身事外的消极态度。

2. 教学组织管理松散

首先，当前的概论课实践教学尚缺统一的教学管理模式，对于如何进行这项工作，各教师自行其是，不同教师和班级的实践教学所占比重明显不同。对于要求学生积极主动参与课程教学的教师而言，他们会在课程安排上设置学生环节。但是对那些认为理论知识更重要的教师而言，概论课教学安排更为重视学生对重大事件的梳理和理论知识的掌握，会安排更多的时间在理论讲授和学生的掌握程度测评上。有的老师就只重视暑期社会实践活动，忽略了其他体现学生自身特点和能调动学习积极性的实践活动。最主要的是，这些老师对暑期社会实践活动的安排也不尽合理。

[1] 刘月洁：《高校思政课实践教学困境探究与解决措施》，《公关世界》2020年第24期。

其次，教师引导与组织作用不明显概论课实践教学模式的健康长效开展需要发挥教师和学生的双主体作用，教师对实践环节的重视程度、设计安排、对学生参与过程的引导方式都在一定程度上决定了实践效果，但是，部分概论课教师的引导和组织作用不甚明显。有些老师只在实践教学开始和结束的时候对学生进行了指导，但没有全程跟踪和指导。还有的老师根本没有认识到实践教学的重要性，把实践教学等同于实践课程。因此，实践教学准备不充分，只是为完成任务敷衍了事，没有把心思放在实践教学的设计和组织上。有些教师并没有落实教学计划中学生实践活动的环节，或者是实践教学时间比重过少。这些教师普遍认为，第二课堂教学实践与自己所带课程无关，甚至认为参观学习是学生自己的事情，严重影响了学生参与第二课堂实践的积极性和实际效用。

这些问题的出现，主要是由如下原因造成的：第一，“概论”教师没有及时转变教学观念是主要原因。部分教师仍然坚持传统的教学思维，注重理论教学而忽视实践教学，没有把培养具有创新意识的实用型创新人才作为教学目标之一。因此，在概论课程教学中，对学生动手能力和分析问题能力的培养还有一定欠缺。尤其是因为部分教师没有真正意识到实践教学对概论课理论教学在学生培养中的协同作用，不愿意接纳实践教学，也很少去提升自己的实践教学能力，成为阻碍学生通过参加实践活动而不断成长的重要因素。第二，学校没有承担好提升教师实践教学能力的应有责任。有的学校只重视专业课程建设，不够重视概论课实践教学管理，没有把实践教学提高到应有地位，极大地影响了教师投身于实践教学的积极性。还有的学校重视教师专业知识与专业技能的培养，但没有给概论课教师提供足够的提升培训自己的机会，缺少实践教学能力的培训平台。还有的学校因为缺少有效的考核制度与激励机制，教师的使命感和责任感没有充分唤醒。

由此可以看出，影响概论课教师实践教学能力的因素是多方面的。只有对此进行认真分析和总结，才能有效地解决教师实践教学中的困难和问题，更好地开展教师实践教学素养的培养工作。学校应该高度重视实践教学理念的更新、科学合理培养机制的建立、奖励和激励制度的完善，使概论课教师自觉、自愿、积极主动去提高自己的实践教学水平，实现培养具有创新意识、解决实际问题能力强的高质量各类应用型人才的目标。教师实践教学能力如何，将直接关系到学校是否能培养出合格的社会主义建设者和共产主义事业接班人。

三、概论课实践教学与专业社会实践育人需协同发展

为了增强大学生的动手能力，提高学生用所学知识分析和解决问题的能力，全国高校都非常重视实践教学。但由于培养方案的多样性，有些专业课程也会设置一些社会实践环节。以思想政治理论课为例，社会实践是高校思想政治理论课的重要组成部分。但社会实践与实践教学虽然有相通之处，但它们在教学设计、教学思路、教学内容等方面都存在差异。因此，必须实现二者在发挥育人功能方面的协同发展。

1. 专业社会实践育人的特点

专业社会实践，是高校各专业为培养学生的实践能力与创新能力所设计的实践课程教学体系，是专业知识与专业技能相互融合的重要平台。专业社会实践的开展，突出以学生为中心和能力导向，是坚持教育“四为服务”的内在要求。经过多年的探索，高校专业社会实践已经形成了比较成熟的教学体系，为提高大学

生的专业素养和应用能力发挥了重要作用。

专业社会实践旨在提升学生知识技能和锻炼学生实践能力。相对于概论课社会实践教学环节，专业社会实践一般有较固定的社会实践基地、专门的实践经费、较完善的管理制度以及科学的教学模式。而专业社会实践的教学模式是在教学实践中基于实践教学形式和教学方法的系统结合而产生的一种综合性的形式构建。目前，高校专业社会实践教学模式中，“听说读写”四位一体的社会实践教学模式、“三三制”实践教学模式和“多元互动式”专业社会实践教学模式具有一定的代表性。这些专业社会实践教学是高等教育育人体系中的重要组成部分。专业社会实践育人是以学生为主体，运用多种教学模式，使学生在社会实践过程中得到教育的一种教育工作。专业社会实践育人的这些特性也就决定了它具有多重特点。

导向性。专业社会实践育人必须要有明确的方向和目标，其目标在于提高该专业学生政治、思想、道德、法纪、心理等综合素质。专业社会实践育人的目标性决定了它的导向性，育人工作中必须以提升学生素质、培养学生能力和促进学生全面发展等为导向来安排工作的各项环节和内容。

参与性。专业社会实践作为育人的一种重要形式，其主要内容不再是课堂理论知识，它与其他教育活动最大的区别在于育人时要充分体现学生主体的参与性。黄济曾指出：人作为主体是通过他自身的实践活动来参与和接受客观的影响，从而获得主体自身的发展。❶ 因此，在实践能力培养的内容安排、方式选择、组织管理等方面都要围绕学生展开，充分激发学生参与的积极性，促

---

❶ 黄济．教育哲学通论［M］．太原：山西教育出版社，1998：385.

使学生自主参加社会实践。

体验性。学生的体验性包括生理和心理的体验、感性和理性的体验、情感和思想的体验、社会和历史的体验等。专业社会实践育人的体验性是指在学生参与社会实践中，学校为学生提供各种实践机会或者还原实践现实情景，使学生在参与社会实践的过程中深化理论知识的理解，产生新的情感和意义，获得综合素质的提升，最终实现育人工作的目标和效果。

多元性。学生专业实践能力的培养是个复杂的系统工程，需要各方支持，形成教育合力，才能保证专业社会实践育人工作的顺利开展。此外，专业社会实践育人效果和目的也具有综合性的特征。专业社会实践育人不仅能够提升学生的专业素质和专业技能，更能够培养学生的实践能力和创新意识，增强学生的社会责任感。

2. 专业社会实践对概论课实践教学的影响

由于部分专业课教师对专业课程达成的目标存在误解和缺乏马克思主义理论和思想政治教育经验，导致他们在社会实践环节中忽视对学生的价值情感教育，再加上学校没有协调好专业实践、社会实践与自我实践的关系，专业社会实践与概论课实践教学之间出现了冲突，这不仅影响了概论课实践教学实效性的提升，而且导致二者协同育人功能的不协调。

第一，专业实践在一定程度上挤占了思政课的实践教学空间。由于时间分配不过来，部分学生只愿意参加专业课程实践，而不乐意参加概论课实践教学。为完成专业社会实践，学生消耗了大量时间和精力，这必然会对包括概论课在内的思政课实践教学产生影响。为了课题的研究，项目组成员曾经利用课间休息、在智慧平台对所在学校进行过调研。结果发现，在 2/3 的学生不愿意参加到实践教育中来。近几年，湖南省每年都举行大学生思想政治理论课研究性学习成果展示。虽然任课教师都会作出硬性规定，要求学生必须写出一份研究性学习报告，但大部分学生的研究性学习成果的质量确实令人担忧。而时间不够当然是最大的硬伤。

第二，专业社会实践与概论课实践教学在教学内容设置上存在太大差异，极大影响了学生对概论课实践教学方式方法的认同。专业课程一般是小班教学，人数少，教学内容设置上实用性强，有的甚至与日后工作的实践能够挂得上钩。而概论课实践教学，则主要是落实“立德树人”任务，向学生进行价值观的渗透。因此，专业社会实践教学方式灵活多样，而且所有的学生都能参加，这种差异导致部分学生对概论课实践教学的有些方式并不完全认同。

3. 概论课实践教学与专业社会实践育人体系的分离

作为实践育人体系的重要组成部分，概论课实践教学与专业社会实践理应协同发展。但在实际工作中，二者却存在一些亟待解决的问题。

首先，概论课实践教学与专业社会实践协同育人的合力不足。概论课与专业课学科体系不同，二者在教学内容、方式和师资上很少或基本上不存在交集。[1] 概论课实践教学和专业社会实践资源独立，没有实现贯通。专业课教师重视课程教学的知识目标和能力目标达成，忽视立德树人根本任务的落实。过多强调教师教学科研业绩，弱化了对学生发展的指导与价值引导。[2] 因此，概论课

---

[1] 汪琼枝：《思想政治教育全过程融入专业社会实践协同育人模式初探》，《思想理论教育导刊》2019 年第 8 期。

[2] 曹桢等：《“大思政课”视域下高校思政课实践教学社会协同机制探讨》，《北京交通大学学报（社会科学版）》2022 年第 2 期。

实践教学与专业社会实践缺乏信息共享、资源互通、协作互联的共识和平台，弱化了二者协同育人的合力。当然，这也与学校、社会忽略思想政治教育的作用有极大关系。所以，概论课实践教学与专业社会实践这两块责任田未能发挥同频共振之效。

其次，概论课实践教学与专业社会实践协同育人的潜能挖掘不足。目前，实践教学内容的设置与社会需求不相适应，课程体系与专业特点不相符合，是实践教学中存在的最突出问题。具体来看，一是实践教学内容设置主要以教材为依据，知识陈旧生硬，与社会实际脱节，与学生成长需求脱节。二是实践教学协同方式简单化。参观、宣讲、讲座仍然是概论课实践教学与社会实践协同育人的主要方式，育人育心的开发式、互动式、反哺式协同不足[1]。协同育人过程中，专业教育与素质教育的融合价值没有得到足够重视，学生的劳动付出和情感体验没能充分体现。

最后，协同评价反馈机制不完善。概论课与专业课的学科体系差异要求建立多元复合的协同评价反馈机制。但总体来看，评价理念单一、评价主体缺乏多元、评价方法陈旧、评价主体与评价方法脱节等问题依然存在，未能有效根据概论课实践教学与专业社会实践的主要特点进行转化与调整。

第三节　完善实践教学机制的主要思路

概论课实践教学机制的构建是提高概论课教学实效性的必然要求，对概论课教学改革具有重要的现实意义。概论课实践教学

---

[1] 曹桢等：《“大思政课”视域下高校思政课实践教学社会协同机制探讨》，《北京交通大学学报（社会科学版）》2022 年第 2 期。

机制的完善要解决的主要是三个方面的问题：管理与考核办法如何完善；教学实践、大学生社会实践与专业实践三者如何联动；概论课教师、辅导员与专业教师如何形成协调配合。因此，实践教学机制也应从这三个方面入手加以建构和完善。

一、立足于学校和学院已有实践教学平台，完善管理与考核办法

1. 激发实践教学参与者的积极性

实践教学的效果如何归根到底取决于参与者的积极性和创造性的发挥。如果教师学生不乐意参与其中，即使实践教学体系再完善，执行效果也会大打折扣。因此，必须充分调动教师和学生的参与积极性。

首先，强化教育宣传，深化对实践教学重要性的认识。2020年，习近平总书记在考察湖南大学时指出："思政教学要把课堂教学与实践教学有机结合起来。"总书记的这一讲话明确了实践教学的重要地位。实践教学是增强育人效果的有力支撑，是帮助学生深刻感悟马克思主义真理魅力的实践伟力的有效途径。其实，教育行政管理部门早已认识到实践教学的重要性，并多次发文要求学校重视并强化实践教学，积极推进实践教学改革。为贯彻落实中央关于强化实践教学的基本精神，在高校党委的统一领导下，各类实践教学改革得到积极推进，实践教学体系逐渐建成。高校实践教学建设发生全局性、根本性转变。但是，实践教学课程特色不够鲜明、实践教学中学生个体关切不够、教师学生参与热情不高等问题依然存在。问题的成因是多方面的，但教师和学生没有深刻认识实践教学的重要性是主要原因。因此，必须强化教育宣传，加大教师和学生对实践教学重要性的认识深刻和重视程度，

激发他们自觉参与实践教学，把提升自身实践能力作为一项重要任务来抓。

其次，进一步健全实践教学的奖惩机制。虽然大部分教师都对实践教学的重要性已有充分认识，但真正积极推进实践教学改革的却为数不多。也就是说，在思政课实践教学改革方面大部分教师的理念超前而行动滞后，认识到位而拙于行动。实践教学改革具有一定的风险。对于教师来说，很可能前期投入巨大精力和大量时间来改革实践教学的内容和方法，效果却不明显。在没有建立相应配套奖惩机制的情况下，目前的实践教学改革完全靠教师个人的自觉，缺乏外在动力的激励。在此种情况之下，大部分教师抱着“多一事不如少一事”的态度。这种心态必须会影响到实践教学改革的前行之路。概论课实践教学也面临同样困境。所以，建立和完善实践教学的激励措施和惩戒机制是推进包括概论课在内的所有思政课程实践教学改革的当务之急。

最后，加大经费保障力度。经过多方努力，实践教学经费已有增加，但依然入不敷出，成为困扰实践教学的最大难题。学生外出、实景的拍摄、视频的制作等都需要大量经费的支持。实习中的食宿、毕业设计所需要的人力配备也需要经费投入。如果这些问题能够得到解决，教学质量才能得到保证。以思政教育专业为例，教学实习是实践教学的一项重要内容。但实习过程中，学生面临食宿不方便的难题。如果学校能出资解决，不仅提高能够学生参与集中实习的积极性，而且也有利于加强实习管理，更提高学生的安全系数。

2. 强化实践教学的日常管理，实施全程监督

管理力度不够，缺乏有效监督无疑是实践教学机制不完善的最主要表现。因此，必须加强制度设计，健全实践教学的日常管

理和全程监督制度。过去所制定的实践教学管理和监督制度比较粗浅简单，没有体现出个性化和差异性。一是建立、健全实践教学各个环节和形式的日常管理和全程监督机制。建立实践教学环节登记数据库，建立实践教学参与者个人档案，了解参与的基本信息，并做好对实践教学参考者的工作表现的评价登记。二是加强对实践教学各个环节的专业指导。选拔和吸收有一定经验的教师，对学生开展社会实践进行指导，告诉学生如何开展课堂讨论、社团辩论、试讲试教、教育实习见习、毕业设计等实践活动，传授学生服务社会的知识和方法，告诉学生撰写实践报告和研究性学习成果的要点，并加以全过程跟踪。三是严格执行各项制度，真正将制度落到实处，形成长效机制。对于不参加实践教学、或参与不认真、教学效果非常差的教师或学生，必须严格按照规章制度予以惩处。

3. 建立健全规范、科学的考核办法，保障实践课教学的顺利开展

要想使概论课实践教学不流于形式，必须规范科学的考核办法。学校专业社会实践的课程评价方式并不完全适用于概论课实践教学。概论课实践教学的评价应该更加重视对学生人文价值目标和综合能力的培养。例如，在实践教学中学生所体现出来的语言表达能力、逻辑思维能力、交流合作能力以及创新意识，等等。因此，我们应该改变以往单纯的试卷考核模式，而是制定一种全新的成绩评判方式，多角度、全维度地评价学生的实践教学成果。

同样，在实践教学中，针对不同的评价主体我们要采取不同的评价方法。每个学生擅长的内容不同，在实践教学中发挥的优势也不同，教师要善于发现学生的优点与长处，并加以正确的引导，使其优点和长处得到最大发挥。实践教学过程中，当发现学

生存在学习或能力上、思想上的问题的时候，教师要负起立德树人的责任，及时的引导与监督学生，帮助学生改正错误，保证学生的健康发展。在评价过程中，教师要承认并尊重学生间存在的个性差异，采取开放性的评价方式。要注重发挥学生的主体性，使学生能够不断提升自身的综合水平，端正自己的认知态度。

此外，教师可以创新概论课实践教学的评价方法。例如，可改变根据个人成果评价个人成绩的方式，采取小组合作评价法，将学生划分为不同的学习小组，这样既可以培养学生在小组中的各方面能力，也能使同学们在合作过程中学习对方身上的优点，改正自身缺点。在进行小组评价的时候，既可以由教师评价学生，也可以组内同学互相评价，还可以不同小组的同学相互评价，这样全方位的评价方式更加合理科学，有助于保证实践教学评价结果的公平、公正。

二、建立概论课教学实践、大学生社会实践与专业社会实践联动机制

学校的根本任务是立德树人，大学生职业素养的核心是立德，职业道德在社会道德体系中具有重要地位，是精神文明建设的重要任务，其好坏也会影响整个社会的道德水平。在“三全”育人理念的指引下，社会实践教学汇集各方的教育力量，共同提升人才培养质量。在概论课教学实践过程中要树立“课程思政”与“思政课程”协同共进的理念，使概论课教学实践、各类专业社会实践与大学生社会实践同向同行，实现全员、全方位、全过程的协同效应，构建大思政的育人格局。

在目前的学校管理体制中，概论课教学实践、大学生社会实践和专业实践隶属不同的部门管理，在大部分院校，三者一般没

有太多联系。事实上，概论课教学实践、大学生社会实践和专业实践具有育人理念的一致性、教育目标的一致性、教学形式和内容的互通性、教学进度的相似性、教学载体类型的共享性等共通之处，所以，必须建立三者共进的联动机制。

1. 从实践教学内容的联动着手，把概论课实践教学内容有机融入专业社会实践和大学生社会实践当中去

专业实践是专业教育的重要组成部分，贯穿着专业人才培养的目标和要求，有着自身的教学运行规律和运行逻辑。对此，在专业实践中融入概论课实践教学的内容，必须充分考虑专业实践的性质和要求，遵循专业实践教学运行的规律和逻辑，选择恰当的概论课实践教学内容，找准与专业实践有效融合的契合点，确保概论课实践教学与大学生社会实践、专业实践在内容上有效融合。“在专业实践中渗透思想政治教育，并不是将所有的思政课实践教学内容都融入到专业实践教学中，而是要根据不同阶段的专业实践和专业教育的要求，精心选择与专业实践相吻合的思政课实践教学内容，有针对性地开展思想政治教育工作，提高学生的思想政治素质和能力，深化思政课实践教学的效果。”[1] 而大学生社会实践，本身就是思政课教学的重要内容，是思政课实践教学的课外形式。要实现实践教学内容的联动，必须注意如下几个方面：

一是必须把概论课实践教学的价值目标落实到专业社会实践和大学生社会实践的教学内容。作为高校思政课的组成部分，概论课也是高校学生接受马克思主义中国化创新理论教育，通过

---

[1] 赖金茂：《专业实践视域下高职思政课实践教学体系构建研究》，《黑龙江教育学院学报》2015 年第 4 期。

“学思情悟行”增强马克思主义理论学习自觉性、使学生形成正确的世界观、人生观、价值观的关键课程。根据教育部对概论课建设的要求，概论课的价值目标就是要培养学生的团队合作精神和社会责任意识。因此，要依托专业社会实践丰富的教育资源和环境优势，在专业实践中融入概论课教学的价值目标，坚定学生的专业信念，提升学生的职业道德，端正学生的职业态度，塑造学生的职业精神。同时，还要着重培养学生的团队精神和创新精神。在专业实践教学中要将专业教育与概论课教学目标紧密结合起来，统筹做好教学人员、教学场地和教学任务的整体工作安排，积极引导学生主动参与实践教学活动，相互配合、相互支持，依靠团队的力量和智慧共同完成专业实践教学任务，进而培养学生的团队精神、创新意识和创新精神，提升学生的团队合作能力、组织协调能力以及协同创新能力。

二是必须把概论课“以生为本”的教育理念贯彻落实于专业社会实践和大学生社会实践的各个环节。坚持“以生为本”的教育理念，就是要坚持学生的主体地位，教学内容的设置、教学方法的选择、教学资源的利用等都坚持贴近大学生的日常生活。当前，我们教育的对象是“00 后”大学生，他们思维活跃，视野广阔，知识面广，创新力强。因此，在实践教学体系的建构中，必须关注他们的思想特点和心理特点，从学生普遍关心的问题入手，及时作出回应和解答。不管是概论课实践教学，还是专业社会实践教学，都必须把握大学生的特征和需求，从他们的价值需要、认知结构、思想观念出发，设置实践教学的基本内容和结构框架。

2. 以创新实践教学形式为抓手，推进概论课实践教学与大学生社会实践、专业社会实践教学方法的互通

概论课教学实践、大学生社会实践和专业社会实践在育人理

念、教育目标、教学形式和内容等方面的一致性决定了三者在教学形式上的互通性。要实现三者育人功能的协同共进，采用灵活多样、注重实效、互联互通的教学形式是关键。

一是在突出课内实践教学形式方面下功夫。虽然概论课教学实践和专业社会实践具有一定的共通性，但由于学科体系的不同，二者的课内实践教学形式依然存在差异。一般来说，概论课课内实践教学最常见的形式主要包括案例分析、主题讨论、辩论、新闻教学、情景教学等几种形式。案例教学是结合概论课教学内容，选择有说服意义的案例进行教学。这是在概论课教学中教师常用的实践教学手段，以此增强课堂内容的说服力。主题讨论、辩论是针对思政课教学内容，结合社会相关热点问题，设计主题，引导学生讨论或辩论，在讨论辩论中仁者见仁，智者见智。[1] 探讨时事热点的过程，实际上是用理论分析实际的过程。因此，主题讨论可以回应学生对热点话题的思考，解答学生的困惑。而新闻教学就是在每次授课前，让学生以小组为单位利用3～5分钟的时间，搜集最感兴趣的时政新闻，向同学和老师播报要闻内容，随后发表各自的看法和感受。这几种实践教学形式，有利于大学生带着实际问题进入课堂，促进了理论学习的针对性，能够增强大学生的政治觉悟和政治鉴别力，让学生真正体会到马克思主义理论的魅力。情景教学则是从学生关注的问题着手，运用团体辅导、话剧表演等情景模拟形式，引导学生主动参与思考。这是让概论课接地气的最有效方式，具有较强的亲和力和针对性。而专业课课内实践教学则呈现不同特点。必须利用好这些已经比较成熟的实践教学形式，并结合专业特点不断发展创新，以便进一步彰显专

---

[1] 张玉兰：《高校思政课实践教学研究》，《山东理工大学学报（社会科学版）》2013年第3期。

业特色。

二是让常见的课外实践教学形式成为概论课实践教学与专业社会实践协同配合的共同途径。校园文化建设系列活动、专题报告或讲座等是比较常见的课外实践教学实施形式。校园文化更是实践育人的重要阵地。校园文化建设系列活动主要是举办演讲比赛和歌咏比赛、开展影视欣赏活动。学生是参与主体。因此，学校所有学院都可以利用校园文化这一育人阵地对学生进行思想政治教育的渗透。一般说来，校园文化建设的内容都可以渗透到所有老师的教学活动中去。因为校园文化活动的开展都会根据时事设计主题，比如利用“五四”青年节、建党一百年等这样的重要时间节点举办歌咏比赛，增强学生的爱国情感。开展影视欣赏活动也是校园文化建设的重要内容。影视作品是一种表现形式多样化的媒介，不仅影响们的价值观、世界观、审美观，而且还能启发人们的思想。挖掘优秀影响作品中人物的精神理念，能够为大学生指明方向，强化思政教育效果。除此之外，专题报告和讨论，也是对学生进行人生观、价值观、职业理想教育的鲜活资源。为此，高校可以通过加强顶层设计，统一规划实践教学活动的开展，有针对性地设计课外实践教学方案，实现协同育人功能的无缝对接。

三是拓展校外体现式实践教学形式。大学生具有很强的好奇心，希望了解社会现状、认识当代国情、体验不同生活，因而校外实践是最受学生欢迎的一种实践教学方法。校外实践教学，一是组织学生实地参观。实地参观是老师带领学生到具体的纪念馆、故居等地，现场指导学生参观考察，参观后要求学生写出参观感受的实践教学方法。实地参观的实践教学可以扩充学生的知识面，实现课堂教学的有效延伸。二是利用寒暑假开展主题调研。教师事先为学生设计多个调研课题，让学生利用假期有选择地对自己比较关注的问题开展调研并撰写调研报告。这种方法既方便又实用，克服了学生实践参与不足的难题，又能使教师在阅读学生的调研报告过程中及时发现问题，提高教学的针对性。三是开展实践锻炼。实践锻炼是一种“接地气”的实践教学方法，能够让学生真正地接触社会，投身实践，在实践锻炼中提高自我认识。鼓励大学生参加各种志愿者活动和公益活动，只有通过实实在在的践行，才能切实地鼓励学生走向社会、服务社会、多视角关注社会、体会社会并积极投身到社会建设的各个领域。

三、明确概论课教师、辅导员与专业教师实践指导的职责和要求，逐步形成协调配合的工作机制

教师是实践教学的第一执行者，教师的实践能力程度直接决定了课程的质量水平，概论课教师、辅导员与专业教师在引导学生积极参与实践教学的过程中起到尤为重要的作用，完善以提升概论课教师实践能力为目的的实践教学机制，就必须明确他们的职责和要求，逐步形成协调配合工作机制。

1. 充分发挥概论课教师在实践教学工作的示范引领作用

“实践教学是学校教学工作的重要组成部分，是深化课堂教学的重要环节，是学生获取、掌握知识的重要途径。”❶ 党的十八大以来，习近平总书记在系列讲话中多次提到学校思政课的重要作用，还要求“广大青年用脚步丈量祖国大地，用眼睛发现中国精

❶ 《教育部等部门进一步加强高校实践育人工作的若干意见》，2012－01－10，http://www.moe.gov.cn/srcsite/A12/moe_1407/s6870/201201/t20120110_142870.html。

神，用耳朵倾听人民呼声，用内心感应时代脉搏”[1]。这实质就是强调了思政课实践教学对于青年大学生成长的重要意义。近年来，高校思政课实践教学日益受到重视。在这一大环境下，充分认识概论课教学实践的重要性势在必行。

高校概论课教师必须及时实现教学理念的转变，不能一味注重课堂知识的讲授，必须高度重视实践教学的作用。在实践教学过程中，教师要注重培养学生的实践教学参与性，部分同学性格较为内向或缺少实践经验，在实践教学中会产生很多不适应的情况，教师要加强对学生的及时引导，这同样需要教师加强对学生的了解程度，因材施教，才能更好地培养自身与学生的实践能力。[2] 同时，概论课教师要加强对教材体系的了解把握，针对不同的教学内容要设计不同的实践教学内容，使理论教学与实践教学充分结合，提升概论课实践教学的有效性。针对实际操作过程中部分教师对实践教学的流程、方法以及注意事项大多不够了解的情况，概论课教师团队应加强备课环节，通过集体备课的方式共同研讨出适用于不同教学内容的实践教学方法，并在实际运用的过程中发现问题、积累经验，并不断调整实践教学体系。

2. 鼓励辅导员提升承担概论课教学实践的能力

学校辅导员是思政课实践教学工作的重要参与者。同样是高校思想政治工作者，与概论课教师不同，辅导员主要负责学生的日常思想政治教育，与学生交流、沟通的时间更多，对学生的思想状态更为熟悉。让辅导员融入概论课实践教学，可以充分发挥

---

[1] 习近平：《坚持党的领导传承红色基因扎根中国大地 走出一条建设中国特色世界一流大学新路》，《人民日报》2022 年 4 月 26 日第 1 版。

[2] 刘月洁：《高校思政课实践教学困境探究与解决措施》，《公关世界》2020 年第 24 期。

他们的教育和管理优势，把思想政治教育渗透到学生日常生活的方方面面中去，有助于实现思想政治教育在第一课堂和第二课堂之间的“横向贯通”。那么，辅导员该如何承担好包括概论课在内的所有思政课教学实践的任务呢?

一是把提升辅导员队伍的思想政治教育理论水平作为总抓手。只有提高自身实践教学的技能和理论知识水平，转变思维观念，增强服务意识，辅导员才能更好地承担起实践教学的责任。但是，部分辅导员思想政治教育理论水平不高，实践指导方面理论素养缺乏，因此，提升辅导员的知识理论水平势在必行。因此，必须增强辅导员学习的动力和自我提升的内在驱动力。高校辅导员队伍要充分利用互联网的优势，通过网络资源、图书资料培训讲座等形式提升自身的理论素养，优化知识结构，才能完成高度专业化的实践教学工作。二是创新概论课实践教学模式。大思政视野下，高校辅导员要承担好实践教学重任，必须把思想政治教育与自己的工作特点有机结合起来，把重点放在开展社会实践教学和校园教学上来。利用学校社团、乡村支教、理论宣讲、暑假调研等机会，鼓励大学生在“用脚步丈量祖国大地”的过程中去真正了解中国精神、倾听人民呼声、感应时代脉搏。同时，辅导员还必须把实践教学与大学生的自身发展有机结合起来，让实践教学更接地气、更“因地制宜”。三是必须完善协同机制。推进学校辅导员参与实践教学机制，还需要得到学校概论课专业教师的帮扶和指导。建议学校辅导员管理部门、教务部门、思政两课部门合作，从学校概论课专业教师中选拔教学能力和理论素养比较高的专业教师，组成专门的指导和帮扶联系小组，对学校辅导员进行专门指导和帮扶，并组织辅导员与专业概论课教师的业务交流活动。

3. 支持专业教师提升实践教学水平

随着“大思政”理念的提出，如何将思想政治教育元素融入各门课程已成为专业课教师面临的新课题。作为专业教学的重要组成部分，专业实践教学中的思政教育实效性也关系到人才培养的质量。专业教师必须承担包括实验、实习、实训、课程设计、毕业设计、科技制作、学科竞赛活动等在内的实践教学。可以说，专业教师既是理论教学的实施者，也是实习教学的指导者，又是学校管理的参与者。[1] 为了实现课程思想与思政课程的同向同行，专业教师必须不断提升自身指导实践教学的能力。

一是必须找准自身在专业实践教学中的角色定位。“课程思政”视域下，专业实践教学也必须融入思想政治教育元素。专业教师不仅要传播专业的实践知识，还要传播正确的思想政治理念。通过教师的言传身教，培养学生良好的职业道德，自觉按照行业职业道德办事，并引导学生树立正确的“三观”。二是牢固树立终身学习的理念。世界的飞速变化、新情况新问题的不断出现、知识更新的大大加快，对所有教师都提出了“终身学习”的新要求，否则，就很难为学生提供鲜活的成长清泉。为此，专业教师必须不断更新自身的知识体系和能力结构，不断更新学习方式，加强科学研究，参与各种实践，以此提高自己对实践教学规律的理解和掌握。三是提高自身政治思想品德素质。课程思政建设对专业课教师的思想品德素质提出更高要求。专业教师能否利用实践教学传播正确的思想政治理论和观念，关系到立德树人教育目标的实现。由于多种因素的影响，部分专业教师重视专业知识教育、

---

[1] 朱锡霞：《“一体化”教学对专业教师的素质要求及培训途径》，《中国培训》2015 年第 15 期。

忽略思想政治教育，重视自身专业知识积累、忽略马克思主义理论素养的培养。还有部分教师甚至出现错误言论，对大学生造成极大负面影响，导致教书育人职责不能充分落实。为此，专业教师在深化对所从事专业认识的基础上，不断提高思政素养和思政能力，强化对实践教学的使命和责任意识的认识，增强使命感和责任感。

4. 进一步完善实践育人体系，弥合高校协同育人实践中的分离

在以往的实践教学中，高校思政课教师、辅导员和专业课教师形成了相对脱钩的实践育人模式。要提高协同育人的实效性，必须弥合这种分离，才能确保思政课教师、辅导员和专业课教师在教书育人职责中的同行同行、相辅相成。一是加强实践育人体系的组织管理。近年来，高校基本上都成立了以学校分管领导、学生工作处、马克思主义学院为成员的思想政治理论课教学领导小组，专门负责思政课建设包括实践教学的各种事项。但专业课程实践的课程是独立的，没有纳入思政课实践教学的整体规划之中。为此，要用“大思政”的视野，加强对专业实践教学设置的组织领导。学校教务处必须对所有实践课的开课、实施、考评环节进行指导监督检查；特别是监管学分的给予和评定。各教学教研室具体负责实践教学工作的开展。在教研室主任的带领下，按照常规的教学要求，研究制定与课堂理论教学相呼应的实践教学计划，并负责实践教学安排。二是搭建专业实践教学与思政课实践教学之间的对话平台。学校可以组织专门的“三全育人”教育教学讨论活动，探讨不同院系教师教风建设和学生学风建设的实践路径，促进教师教风建设与学风建设产生交集和呼应。建立由概论课教师、专业课教师和辅导员共同参与的教师工作坊，三者

共同进行政治学习活动以及业务活动，适当进行课程思政建设的科研合作，对学生管理、教学实习、社团活动等实践育人模式进行探究。三是加大对教师的实践教学培训力度，提升实践教学能力。要解决部分教师实践教学能力不高、教学方法陈旧、教学方法单一的现状，必须加强对教师实践教学能力的培养。充分利用教育部举办的各种培训研修机会，扩大教师参加培训研修的覆盖面。同时，必须利用网络培训资源，争取实现全员覆盖。四是促进教学实践、社会实践与自身实践的协同并进。教学实践、社会实践和自身实践是大学生增强认知能力、增进理论认同的重要途径。三者各有侧重，互为补充。教学实践受到时间的限制，对学生的个体关切不够，着重于对学生共同关注的热点问题进行探究。社会实践是思政课的重要组成部分，教学设计中仍然突出共同性和普遍性。而自身实践则是学生个人的选择，主观意识强，学生参与积极性高，实践效果好。因此，必须将这三者有机地结合起来，发挥各自优势，弥补不足，让学生在实践活动中真正将马克思主义创新理论内化于心，外化于形。

CHAPTER 06 >> 第六章

构建概论课适应时代发展需要的教学—科研—理论宣讲共生机制

为了推进党的理论武装走实走深，中国共产党在实践中探索创造了许多成功做法，积累了许多宝贵经验。理论宣讲就是其中重要方法之一。理论宣讲是传播党的理论创新成果、用马克思主义武装和教育群众的有效途径，也是高校概论课教师必须承担的重要政治使命。因此，概论课高质量教学团队必须充分发挥地方理论宣讲的生力军作用，为传播马克思主义理论做出应有的贡献。但是，概论课教学团队为促进马克思主义大众化做出了重要贡献的同时，也面临着诸多困境。如何破解这些困境关系到21世纪马克思主义理论在高校的大众化和普及化，关系到马克思主义在意识形态领域指导地位的巩固。

第一节 构建概论课教学—科研—理论宣讲共生机制的理论概述

党的十九大以来，“思想政治理论课是落实立德树人根本任务的关键课程”[1] 已经成为全社会的一种共识。为了培养更多堪当民族复兴重任的合格人才，高校概论课教师必须增强“言为士则、行为世范”的自觉性，在更好地完成教学任务的同时，精耕细作，潜心研究，把马克思主义理论创新成果的种子撒向大学生的心里。构建适应时代发展需要的教学—科研—理论宣讲共生机制势在必行。

一、教学—科研—理论宣讲共生机制的内涵及要素

“共生”是指生物之间的互利关系，这一概念最先使用于生物学领域。第一个提出广义的生物共生概念的是德国医生、著名的真菌学奠基人 de Bary。在他看来，“共生是不同生物密切生活在一起（living together）”。[2] 之后，这一概念逐渐被应用于人类学、社会学、经济学、哲学等领域，其内涵也得以延伸拓展。在社会学领域中，共生指人与人也应当是一种共存关系。[3] 根据这一认识，任何事物之间都有可能存在共生关系。存在共生关系的事物能够

---

[1] 《用新时代中国特色社会主义思想铸魂育人 贯彻党的教育方针落实立德树人根本任务》，《人民日报》2019 年 3 月 19 日第 1 版。

[2] 胡守钧：《社会共生论》，复旦大学出版社，2012，第 1 页。

[3] 张永缜：《马克思共生思想的概览考察——面向现代性反思对马克思主义哲学的一种新解读》，《社会科学家》2009 年第 10 期。

从彼此中获得生存的帮助，彼此有利。因此，我们可以认为，共生是指“在一定条件下共生环境中共生单元格的主体间按照某种共生模式联系在一起，形成相互联系、共同生存、协同进化的关系，其构成要素包括共生单元、共生模式及其共生环境”。❶

人才培养、科学研究、社会服务是高校的三大职能。习近平总书记指出：“大学是立德树人、培养人才的地方，是青年人学习知识、增长才干、放心梦想的地方。”❷ 培养德智体美劳全面发展的社会主义建设者和接班人是中国特色社会主义大学教育的价值诉求，更是我们党的教育方针。为此，抓好教育教学工作是高校教师的职责。由于高校又是高层次人才和创新资源的聚焦地，它还承担着知识创新、推动科技成果向现实生产力转化和回应时代重大关切的重任，要求高校教师不断开展科学研究。科学研究职能是高校及高校教师安身立命之本。“双一流”的建设更是彰显了高校科学研究能力的重要性。社会服务职能是高校社会功能和社会价值的体现。主要是指高校在保证教学、科研任务的基础上，以培养人才和发展知识为依托，利用高校的物质和人才资本，有目的有计划地直接为社会经济、政治、科技、文化的发展服务。❸ 这三大职能有着密切的关系。教学和研究活动是基础，社会服务是目的。也就是说，高校社会服务职责的实现是以教学和研究活动为基础，是通过人才培养和科学研究来服务于社会的。❹

高校思想政治理论课教学作为一种社会实践，也体现着人们

---

❶ 詹青龙等：《高校创客教育的智慧化发展研究》，北京交通大学出版社、清华大学出版社，2019，第 27 页。

❷ 《习近平在北京大学师生座谈会上的讲话》，《人民日报》2018 年 5 月 3 日第 2 版。

❸ 沈映春：《高校的社会责任》，山西人民出版社，2015，第 92 页。

❹ 沈映春：《高校的社会责任》，山西人民出版社，2015，第 93 页。

相互依赖、相辅相成的关系。思政课教师不仅是人类文化科学知识的继承者和传播者，而且是学生智力的开发者和个性的塑造者。而“对教师来说，要把学生培养什么样的人，自己首先就应该成为什么样的人。培养社会主义建设者和接班人，迫切需要我们的教师既精通专业知识、做好‘经师’，又涵养德行、成为‘人师’，努力做精于‘传道授业解惑’的‘经师’和‘人师’的统一者。”[1] 对于思政课教师来说，必须把立德树人这一职能放在首位，“要注重方式方法，把道理讲深、讲透、讲活”[2]，做大学生政治上的指导者和引路人。必须把研究阐释马克思主义中国化最新理论成果作为学术研究的重要职责和任务，进行扎实的学理探究，[3] 做大学生思想上的指导者和引路人。必须面向社会需要，传播好马克思主义，担负起宣讲马克思主义理论最新成果的政治使命。

作为高校思想政治教育的三大共生职能，不可分割，辩证统一，必须彼此协调，相辅相成，而不能出现此消彼长的情况。因此，构建教学—科研—理论宣讲共生机制，就是通过构建一种科学的运行方式，理顺思政课教学、马克思主义理论学科建设与理论宣讲的关系，确保教学、科研、理论宣讲形成良性互动，以科研促教学，提高概论课的教学质量。以教学实践为基础，推动马克思主义理论科研活动；以理论宣讲为平台，实现内涵式发展。

---

[1] 习近平：《坚持党的领导传承红色基因扎根中国大地 走出一条建设中国特色世界一流大学新路》，《人民日报》2022 年 4 月 26 日第 1 版。

[2] 习近平：《坚持党的领导传承红色基因扎根中国大地 走出一条建设中国特色世界一流大学新路》，《人民日报》2022 年 4 月 26 日第 1 版。

[3] 邹吉忠：《高校思想政治理论课教师的三重使命》，《光明日报》2018 年 5 月 18 日第 6 版。

二、构建概论课教学—科研—理论宣讲共生机制的价值意蕴

教学、科研、理论宣讲的有机结合，关系到教师、社会与高校的共同发展。这个问题解决得好，教师个人、社会与高校就能实现共赢。不重视解决这个问题，将使三方失去发展机会，并造成教育资源的浪费。因此，在新形势下，高校作为人才培养、科学研究和社会服务的重要基地，为服务党和国家事业全局做出更大贡献，有助于提高社会经济的层次和效益，更有利于拓展高校的发展空间。因此，构建概论课教学—科研理论宣讲的共生机制，具有重要的现实意义。

1. “双一流”建设对高校人才培养和科学研究能力提出更高要求

所谓“双一流”，是世界一流大学和一流学科的简称。推进“双一流”建设，“对于提升我国教育发展水平、增强国家核心竞争力、奠定长远发展基础，具有十分重要的意义”。❶

培养一流人才是“双一流”建设的核心任务和目标使命，也是世界一流大学的必备条件。正如习近平总书记所说：“只有培养出一流人才的高校，才能够成为世界一流大学。办好我国高校，办好世界一流大学，必须牢牢抓住全面提高人才培养能力这个核心点。”❷ 他在清华大学考察时，再次强调：“建设一流大学，关键是要不断提高人才培养质量。要想国家之所想，急国家之所急、

---

❶ 《国务院关于印发统筹推进世界一流大学和一流学科建设总体方案的通知》，2015-11-05，http://www.moe.gov.cn/jyb_xxgk/moe_1777/moe_1778/201511/t20151105_217823.html。

❷ 习近平：《把思想政治工作贯穿教育教学全过程开创我国高等教育事业发展新局面》，《人民日报》2016 年 12 月 9 日第 1 版。

应国家之所需，抓住全面提高人才培养能力这个重点，……着力培养担当民族复兴大任的时代新人。”❶ 作为人才中的精英，一流人才必须“具有一流的知识技能、具备一流的创新能力，同时有着为国家、社会和人民做贡献的超前意识，是堪当民族复兴大任的领军人才。”❷

提升研究能力是“双一流”建设的重要任务。科研能力是世界一流大学的评价指标之一。高校科研能力的高低，不仅事关高校自身的地位，而且事关国家的科研创新能力。高校不仅是培养人才的摇篮，而且是科研创新的重要阵地。“我国高校在前沿领域不断取得突破，同时积极落地转化、服务民生发展。多元的学科背景、完善的人才梯队、丰富的研究资源，使得高校在科研创新中具备独特的竞争力，能够紧盯未来科技趋势，攀登一个又一个科研高峰”。❸ 高校的科研创新成为推动国家发展的核心力量。对于这一点，习近平总书记也给予了高度评价。他在考察清华大学时，就充分肯定了清华大学“科研创新成果与国家发展需要丝丝相扣”。❹ 而“双一流”建设，则要求“以国家重大需求为导向，提升高水平科研能力，为经济社会发展和国家战略实施作出重要贡献”，❺ 希望能在基础研究、战略性全局性前瞻性问题研究、新

---

❶ 习近平：《坚持中国特色世界一流大学建设目标方向 为服务国家富强民族复兴人民幸福贡献力量》，《人民日报》2021 年 4 月 20 日第 1 版。

❷ 李义丹等：《“双一流”建设背景下的一流人才：内涵、评价、生成与发展》，《重庆大学学报（社会科学版）》2022 年第 5 期。

❸ 姚雪青：《高校做科研，望向更远处》，《人民日报》2020 年 3 月 18 日第 12 版。

❹ 习近平：《坚持中国特色世界一流大学建设目标方向 为服务国家富强民族复兴人民幸福贡献力量》，《人民日报》2021 年 4 月 20 日第 1 版。

❺ 《国务院关于印发统筹推进世界一流大学和一流学科建设总体方案的通知》，2015－11－05，http://www.moe.gov.cn/jyb_xxgk/moe_1777/moe_1778/201511/t20151105_217823.html。

型高校智库、哲学社会科学学术评价和学术标准体系等方面取得重大突破。

这些新的变化，对高校概论课教师的人才培养能力和科学研究能力都提出了更高要求。“没有高水平的师资队伍，就很难培养出高水平的创新人才。”❶ 概论课教师要承担起这一神圣使命，必须师德高尚、业务精湛。“传道者自己首先要明道、信道”，❷ 才能成为学生为学、为事、为人的表率。因此，如何准确把握教学、科研与理论宣讲的内在逻辑关系，如何协调好教育教学、科学研究与社会服务的关系，便成为新时代高校概论课教师必须解决的一个新课题。

2. 参与理论宣讲是高校概论课思想政治理论课教师的重要政治使命

高校是开展意识形态工作的前沿阵地，肩负着学习研究宣传马克思主义的重要任务。“思政课教师是承担高校思政课教育教学和研究职责的专兼职教师，是高校教师队伍中承担开展马克思主义理论教育、用习近平新时代中国特色社会主义思想铸魂育人的中坚力量。”❸ 因此，地方高校思想政治理论课教学团队必须要积极担当、主动作为，通过内容充实、形式多样的理论宣讲，进一步引导广大社会成员理解和接受马克思主义理论创新成果，承担起推动马克思主义大众化的政治使命。

---

❶ 习近平：《坚持中国特色世界一流大学建设目标方向 为服务国家富强民族复兴人民幸福贡献力量》，《人民日报》2021 年 4 月 20 日第 1 版。

❷ 习近平：《把思想政治工作贯穿教育教学全过程开创我国高等教育事业发展新局面》，《人民日报》2016 年 12 月 9 日第 1 版。

❸ 《教育部办公厅关于学习宣传和贯彻实施〈新时代高等学校思想政治理论课教师队伍建设规定〉的通知》，2022 - 02 - 25，http://www.moe.gov.cn/srcsite/A13/moe_772/202003/t20200303_426873.html。

第一，理论宣讲是地方高校思想政治理论课教师用党的最新理论成果武装全体师生的重要平台。

习近平总书记指出："思想就是力量。一个民族要走在时代前列，就一刻也不能没有理论思维，一刻不能没有思想指引。"❶ 与时俱进的马克思主义理论是我们党的行动指南，更是凝聚党心、赢得民心的旗帜。一百多年来，我们党不断推进理论创新、进行理论创造，相继产生了毛泽东思想和中国特色社会主义理论体系，实现了党的指导思想的一次次与时俱进。习近平新时代中国特色社会主义思想是"新时代中国共产党的思想旗帜，是国家政治生活和社会生活的根本指引，是引领中国、影响世界的当代中国马克思主义、21 世纪马克思主义。"❷ "理论创新每前进一步，理论武装就要跟进一步"。❸ 因此，深入学习和贯彻习近平新时代中国特色社会主义思想是当前和今后一个时期全党、全国的首要政治任务。而教师团队的理论宣讲是"用党的科学理论特别是创新理论成果武装全校师生、在当代马克思主义与人民群众之间架起桥梁"的有效路径。

第二，理论宣讲是地方高校思想政治理论课教师提升思想实践育人实效性的重要载体。

不断提高高校思想政治理论课教学育人实效，是近年来备受社会关注的焦点，更是广大思政课教师义不容辞的光荣使命。教学育人是高校思想政治理论课教学团队的根本任务。为了提升育

---

❶ 习近平：《在党史学习教育动员大会上的讲话》，《人民日报》2021 年 4 月 1 日第 1 版。

❷ 中央宣传部：《习近平新时代中国特色社会主义思想学习问答》，学习出版社、人民出版社，2021，第 3 页。

❸ 习近平：《在"不忘初心、牢记使命"主题教育总结大会上的讲话》，《人民日报》2020 年 1 月 9 日第 2 版。

人实效性，高校思想政治理论课坚持不懈地探索，取得了可喜的成绩。但是，随着“00后”的加入，高校思想政治理论教学面临的问题更多、挑战更大，为了保障立德树人根本任务的高质量完成，教育部专门出台《关于加快构建高校思想政治工作体系的意见》，其中强调：要推动构建政府、社会、学校协同联动的“实践育人共同体”，挖掘和编制“资源图谱”。[1] 理论宣讲便成为高校实践育人的重要载体。理论宣讲这一载体不完全等同于课堂讲授这一教学模式，宣讲内容往往以关注的热点、难点问题或最新的理论政策为主，通过各种新媒体和高端技术展现。宣讲过程中，学生参与度高，不仅提高了政治意识和理论修养，更增强了他们学习马克思主义理论以及党的重大战略部署的积极性和主动性，从而提升了思想政治实践育人的实效性。

第三，理论宣讲是提升地方高校思想政治理论课教师马克思主义理论研究能力的重要路径。

所谓理论宣讲，就是指领导干部、马克思主义理论研究工作者通过大型讲堂、大范围授课、网上课堂等多种形式，对不断涌现的理论创新成果及其转化成的治国理政的方针政策进行理论上的解释说明，让广大群众接受、掌握党的理论和方针政策并增强思想认同的过程。高校思想政治理论课教师必须承担教学、研究、宣传和人才培养等四大基本任务。所以，作为理论宣讲的主要力量，高校思想政治理论课教学团队不仅要承担教书育人的根本任务，而且必须要肩负起推进马克思主义大众化、普及化的重任。而理论宣讲与科学研究，如车之双轮，鸟之两翼，是高校思想政治理论课教学团队

---

[1] 《教育部等八部门关于加快构建高校思想政治工作体系的意见》，2020-04-28，http://www.moe.gov.cn/srcsite/A12/moe_1407/s253/202005/t20200511_452697.html。

成员发展自身所不可或缺的两大能力。科研是安身之本。对于高校教师来说，在各自的学科领域从事创新性研究是首要任务。唯有从事学术研究，才能对本学科的热点问题形成理性思考，并形成创新性成果。而理论宣讲则为自己的研究成果提供展示的平台，让更多的人了解、掌握创新性理论成果。为了提高理论宣讲的水平和能力，地方高校思想政治理论课教学团队成员必须对现实生活中群众最关心、最迫切需要解决的问题进行理论上的回答，对具有重大分歧的理论问题深入探索，搞清理论是非。这些研究和探索有助于更深入地了解马克思主义理论学科的前沿，把握该学科的热点，从而有助于科研能力的提升。因此，必须把理论宣讲和科学研究结合起来，互相促进，相得益彰。让科学研究为理论宣讲理清思路，开阔视野。同时把科学成果转化为宣讲专题，促进宣讲质量的提高，形成以宣讲带科研，以科研促宣讲的良性循环。

第二节　构建概论课教学—科研—理论宣讲共生机制的现状及成因

近年来，随着《关于深化新时代学校思想政治理论课改革创新的若干意见》和《新时代高等学校思想政治理论课教师队伍建设规定》的出台，思政课的地位和任务越发明晰，思政课教师的责任和担当也愈加明确。“思政课作用不可替代，思政课教师队伍责任重大。”❶ 为了更好地发挥概论课“为人民服务、为中国共产党治国理政服务、为巩固和发展中国特色社会主义制度服务、为

❶ 《习近平谈治国理政》第 3 卷，外文出版社，2020，第 329 页。

改革开放和社会主义现代化建设服务”❶ 的作用，越来越多的高校在重视思政课教学能力培养和科研能力培养的同时，开始给社会提供更多的服务，教学—科研—理论宣讲也成为越来越多思政课教师的责任。

一、高校概论课教学团队在教学、科研、理论宣讲方面的优势开始彰显

《中共中央宣传部　教育部关于进一步加强和改进高等学校思想政治理论课的意见》指出：“高校思政课教师是‘马克思主义理论和党的路线、方针、政策的宣讲者，社会主义意识形态和精神文明的传播者，要不断提高马克思主义理论素养，提高科研能力和教学水平，做坚定的马克思主义者，做教书育人的表率，做大学生健康成长的指导者和引路人。’”❷ 由此可见，科研能力、教育教学能力和理论宣讲能力是高校思政课教师职业能力的重要内容之一。提升概论课教师的科研能力，把科研成果服务于教学或服务于社会，不仅是教师自身成长的需要，也是提高概论课教学实效性的必然要求。

1. 大部分概论课教师成为教学、科研、理论宣讲工作的重要骨干

习近平总书记强调：“思想政治理论课能否在立德树人中发挥应有作用，关键看重视不重视、适应不适应、做得好不好。”❸ 也

---

❶ 《习近平谈治国理政》第3卷，外文出版社，2020，第328页。

❷ 《中共中央宣传部 教育部关于进一步加强和改进高等学校思想政治理论课的意见》，2005-02-07，http://www.moe.gov.cn/srcsite/A13/moe_772/200502/t20050207_80415.html。

❸ 习近平：《坚持党的领导传承红色基因扎根中国大地 走出一条建设中国特色世界一流大学新路》，《人民日报》2022年4月26日第1版。

就是说，只有老师对思想政治理论课引起足够重视，并且用心阐释马克思主义最新成果，认真做好理论宣讲，就一定能够达成把学生培养成堪当时代重任的人才的目标。

习近平总书记在全国思想政治理论课教师座谈会上提出“坚持政治性和学理性、价值性和知识性等”八个统一的要求后，概论课教师都普遍认识到，高校思政课只有以深厚的学术为基础，才能真正彰显马克思主义的理论魅力。[1] 为此，大部分概论课教师努力学习和钻研马克思主义理论最新成果，科研成果不断增多，马克思主义理论基础和教学水平明显提高，已经成为学科建设的重要骨干。以笔者所在高校为例，概论课教学团队共 25 人，近 3 年时间，共申报成功各类科研项目近 30 项，其中包括国家社会科学基金 3 项。发表学术论文 100 多篇，其中 CSSCI 文章 30 多篇；获得各项奖励 40 余项，其中包括全国高校思想政治理论课教学展示活动二等奖 5 人次，湖南省最美思政课教师 1 人次；到机关、企事业单位进行理论宣讲共 30 多场。可以说，团队成员已经成为学院教学、科研、理论宣讲三条战线的骨干力量，彰显了教学团队铸魂育人的责任担当。

2. 概论课课程建设取得明显成效

十八大以来，党和国家高度重视思政课课程建设，出台一系列指导高校思政课课程建设的重要文件。以《高等学校思想政治理论课建设标准（2021 年本）》的修订为标志，新时代思政课教学改革创新跨上新台阶。在此背景下，概论课课程建设也实现了跨越式发展。

---

[1] 韩美群、周小芹：《高校思想政治理论课教师教学与科研综合能力提升：逻辑、问题和路径》，《思想教育研究》2021 年第 2 期。

一是一批国家级、省部级线上线下一流课程获得资助。2020年，教育部公布了首批国家级一流本科课程名单，北京大学孙蚌珠团队、南京大学沈伯平团队、江南大学徐玉生团队、西安交通大学陆卫明团队等负责的“毛泽东思想和中国特色社会主义理论体系概论”课程获批线上一流课程。河北师范大学郝保英教授、哈尔滨工程大学王林平教授、南京农业大学朱娅教授、山东大学徐艳玲教授、西南交通大学冉绵惠团队、四川师范大学戴剑飞团队获批线下一流课程，山西师范大学赵跃先团队、沈阳航空航天大学赵冰梅团队、大连海事大学邢文利团队、武汉大学丁俊萍团队、兰州大学蒙慧团队获批线上线下混合式一流课程，还有五个团队获批社会实践一流课程。还有许多省级一流课程也进入立项建设阶段。以湖南科技大学为例，课程团队积极探索《概论》课信息化教学，2020 年获得省级线上一流课程立项建设、2021 年获得省级线上线下混合式一流本科课程立项建设，并依托学习通教学平台等现代化信息手段完成概论课专题教学改革和五年的线上理论教学。

二是形成一系列具有特色的思政教育成果。团队成员中大都参与了“思想政治理论课教学改革方案”的制定，对概论课的教学现状及其改革有较为深刻的体会和思考，通过“思政 +”强化思想引领、“互联网 +”提质促效、“实践 +”落地生根，将党史学习教育有效融入概论课，着力打造行走的思政课。就湖南省内而言，湘潭大学马克思主义学院创新开发的“恰同学少年”线上虚拟仿真教学系统及“四史”虚拟仿真资源库、虚拟仿真实验室，成为概论课线上线下混合式教学的样板。

三是形成一批资源丰富、内容完备、可以共享的课程资源。以“爱课程”（中国慕课网）为依托，一批线上课程得以公开，主要包括北京大学孙蚌珠团队、武汉大学丁俊萍团队、四川大学李红团队、南开大学李洁团队、郑州大学杨静娴团队、武汉理工大学许传红团队等制作使用的“毛泽东思想和中国特色社会主义理论体系概论”课程，近60门次，上传的全部资源，包括课件、视频、教案、教学资源都可以共享，为广大概论课教学、学习用户提供了极大便利，在一定程度上推动了全国概论课教学水平的提高。

3. 制定了一套科学合理的课程考核评价机制和教学质量监控体系

经过多年的论证和实践探索，全国高校概论课程教学考核评价机制日渐成熟，教学质量监控体系较为科学合理。以湖南科技大学为例，近年来，概论课教学团队已经摸索出了一套比较科学的课程考核办法。一是成绩来源多元。把平时表现、研究性学习、平时作业都纳入考核之中，并提出比较合理的评价标准。其中，平时表现成绩占比 30%；研究性学习成绩占比 20%；作业成绩占比 10%；期末成绩占比 40%。二是考试形式多样化。在省内较早实施概论课线上线下混合式考试，五年里实现从全客观题考试到客观题和主观题结合的升级优化。三是教学质量监控多元化。采用“教研室集体备课、校院两级督导听课指导、师生互动座谈会、学生期末线上匿名评教”四位一体的教学质量监控体系，有力地确保概论课的教学质量。

4. 教学实效性明显提高

经过长期努力，高校概论课教学团队成员创新意识增强，实践经验丰富，理论成果丰硕，而且对概论课教学的情况有较为全面的了解。再加上国家、学校和学院领导的高度重视，特别是随着高校思政课教学改革的深入推进，一批有影响的教学方式涌现，如专题式教学、互动式教学、实践性教学、多媒体教学以及慕课、微课、微电影、文艺展演等方式的使用，[1] 概论课教学实效性明显提高。

一是提升了学生对马克思主义中国化理论体系的理论认同。理论教学与研究性学习相结合的专题式理论教学模式较大地提升了学生理论学习和理论研究的能力，提升了学生对理论的认识和认同。

二是提升了学生对党和国家、民族的政治认同。校内与校外实践活动相结合的实践教学模式极大地开阔了学生的视野，有效地提升了学生对党和国家、民族的政治认同，提高了学生的综合素质。

三是提升了学生对思想政治理论课的情感认同。多样化现代化的教学方法和教学手段的运用，极大地提高了学生们学习概论课的积极性和学习兴趣，加深了同学们对课程的理解，提升了学生对思想政治理论课的情感认同。笔者所在学校每年都会实行评教活动。学生对课程评价高，课程深受学生欢迎，学生上概论课的“仪式感、带入感、获得感”不断增强，不再做课堂的“低头族”，而是“把头抬起来、坐到前排来、提出问题来”，培养出考取复旦大学、南京大学等双一流高校马克思主义理论专业的硕士和博士，多人在大学生思想政治教育类型的竞赛中获奖及获批省级大学生创新训练研究项目。

二、高校概论课教学团队教学—科研—理论宣讲共生依然面临诸多问题

1. 社会对高校概论课教师、教学存在一些片面认识

和其他思政课程一样，概论课也长期为社会和学校所忽视，

---

[1] 刘建军：《怎样才能上好高校思想政治理论课》，《求是》2019 年第 8 期。

甚至被污化。正如有学者所说："社会上……认为思政课就是'假大空'的说教，更有一些所谓网络大 V，不遗余力丑化和污化思政课，把它说成是'洗脑'。"❶ 这些错误认识造成的不良影响，严重影响到学生。具体来看，错误认识主要表现为如下几个方面：

一是把概论课教学中的政治性与学理性相对立。作为一门思想政治理论课，概论课具有鲜明的政治性。给大学生讲授马克思主义中国化的主要理论成果、宣传党的方针政策，帮助他们理解为什么马克思主义行、中国共产党行、中国特色社会主义好的深刻道理是概论课的首要职责。即"用新时代中国特色社会主义思想铸魂育人"❷。这体现了概论课的政治性和思想性。因此，思政课教师必须"政治要强"。但在实际生活中，有人认为，政治是社会的公共领域，离公民个人太远，甚至与公民无关。这种错误认识给大学生带来严重影响。有学生认为，上大学是为了学习专业知识，觉得思政课太"高大上"，一些同学甚至会抱着敬而远之的态度。❸

事实上，概论课的最终目的是落实"立德树人"的根本任务，是以"培养一代又一代拥护中国共产党领导和我国社会主义制度、立场为中国特色社会主义事业奋斗终生的有用人才"为愿景目标。因此，它不是空讲政治，不是从政治到政治的阐述，而是坚持"政治性和学理性相统一，以透彻的学理分析回应学生，以彻底的思想理论说服学生，以真理的强大力量引导学生。"❹

二是部分概论课教师把科研与教学对立起来。概论课是整个

---

❶ 刘建军：《怎样才能上好高校思想政治理论课》，《求是》2019 年第 8 期。

❷ 《习近平谈治国理政》（第 3 卷），外文出版社，2020，第 328 页。

❸ 刘建军：《怎样才能上好高校思想政治理论课》，《求是》2019 年第 8 期。

❹ 《习近平谈治国理政》（第 3 卷），外文出版社，2020，第 330 页。

高校学分最高、学时最多的一门课程。概论课教师普遍存在教学任务过重的问题。同时，概论课教学改革的深入推进，各类比赛、研究性学习活动的开展，占据了概论课教师的大量时间。再加上，部分教师对自己要求不高，科研意识薄弱，甚至没有研究的兴趣和热情，认为概论课就是宣讲马克思主义理论和国家大政方针❶。因此，有少数概论课教师几年都没有一篇文章见报，没有著作出版，更没有申报任何课题。这种将教学与科研割裂的情况，直接导致教学与科研的脱节，教师只会照本宣科，空洞说教，不仅影响了课堂教学效果，也不利于教师的成长与发展。这也是近年来大学生对思政课评价不高的原因之一。有学者调查，2018 年度的调查显示，有近两成（19.6%）大学生对思政课教学评价“一般”。❷

值得注意的，这种情况的存在，使得高校普遍存在这样的误解，概论课教学团队成员不需要搞科研，或者没有时间搞科研，或者科研能力本身就不够。所以，有些高校甚至把科研能力不强的党政干部或辅导员配备到思政课教学岗位。这种情况不加以解决，就会形成一种恶性循环。因此，概论课教师必须把“科研放在突出位置，在研究和回答大学生关注的热点难点问题的过程中，去提高教师的科研能力和教学水平，去展示思想理论教育的强大魅力，去取得教学的实效性，去实现思想政治理论教育教学的价值，去开拓高校思想政治教育工作的新局面。”❸

---

❶ 唐金权：《高校思政课科研能力的影响因素与提升路径》，《张家口职业技术学院学报》2016 年第 2 期。

❷ 沈壮海：《讲出思想政治理论课应有的精彩》，《求是》2019 年第 16 期。

❸ 闫科培：《新时代加强高校思政课教师队伍建设的几点思考》，《新疆师范大学学报（哲学社会科学版）》2009 年第 2 期。

2. 高校概论课教师参加理论宣讲依然面临困境

为了更好地宣传马克思主义理论和党的方针、政策，增强人们对中国特色社会主义的政治认同和思想认同，一些概论课教师在承担繁重的教学和科研任务的同时，外出到企业、机关、社区围绕马克思主义理论创新成果开展理论宣讲，在理论宣讲成为团队成员常态化工作的同时，依然面临一些突出问题，理论宣讲能力存在较大提升空间。

第一，高校对教师团队成员参与理论宣讲的组织管理不到位。地方高校对思想政治理论课教学团队参与理论宣讲组织管理不到位是普遍存在的问题。一是理论宣讲作为高校服务社会的重要内容，在地方高校并没有受到太多重视。尽管国家教育部在马克思主义理论学科建设标准中，已经明确了“理论宣讲”是高校社会服务的两大内容之一。但大部分高校重视参考咨询这一职能，而相对忽略理论宣讲。因此，除了在本校给大学生党员上点党课外，学校和学院没有专门组织外出宣讲。思政课教学团队参加地方理论宣讲，多半是单打独斗，要么是凭借自身在学术研究方面的名气，要么是通过熟人介绍，否则基本上没有机会参与外面的宣讲。二是理论宣讲没有被纳入教师的工作量。学校很少在政策上给予教师的理论宣讲工作给予支持。在他们看来，外出理论宣讲是教师个人的事情，与工作无关。因此，理论宣讲不计算在教师的基本工作量之内。三是没有建立理论宣讲的激励机制。最为明显的是，参加理论宣讲的教师不管是获得哪个层次的奖励，在职称评定、人才评定时，都不能作为参评条件，更不会有任何经费保障。

第二，作为宣讲主体，团队教师理论宣讲的参与度不高。针对高校思想政治理论课教师参与理论宣讲的情况，项目组成员曾经开展过网络问卷调查。调查共发放问卷 500 份，收回问卷 491

份，有效问卷率98.2%。调查结果显示，来自14所高校的491人中有145人参加过各个层次的理论宣讲，占比29.5%。以笔者所在学院为例，学院共有在编思政课教师73人，参加党校授课的只有20人左右，占比30%左右。其中，只有不到10人参加过地方的理论宣讲。虽然也有地方高校思想政治理论课教师参加过地方宣讲团，但据调查，地方高校参与理论宣讲的领导干部较多，普通教师较少。原因是多方面的，一是由于学校和学院组织管理不到位，部分老师对理论宣讲的重要性认知不足，不愿意参加。二是地方宣讲团所需要人数有限，不能满足所有教师的意愿。因此，部分教师即使有强烈的参与愿望，但也很少能参与其中。这在一定程度上影响了地方高校思想政治理论课教学团队成员参与理论宣讲的积极性。三是很少有经费上的支持。笔者所在学校2020年就组织了“智绘青春”宣讲团，但迄今为止，学校没有给予一分钱的经费，教师们完全是无私奉献。再加上科研教学任务繁重，家庭事务烦琐，团队教师外出宣讲便成为很奢望的事情。如何破解这一难题，是地方高校思想政治理论课教学团队甚至地方高校必须思考的一个新的课题。

第三，宣讲覆盖范围有待进一步拓展，新媒体利用与传统宣讲衔接有待进一步改进。当前，高校思想政治理论课教学团队成员参加理论宣讲的层次是多样化，有的是国家级理论宣讲专家，在全国各地巡回宣讲。有的是省级宣讲团成员，在省内进行宣讲。还有部分是市级宣讲团成员。但更多的是在所任教高校通过上党课进行宣讲。宣讲团成员往往还存在相互交叉的情况，所以，大部分教师宣讲范围有限。最为重要的是，这些宣讲针对的主体大都为党员干部、国家政府机关工作人员、学生。而深入农村、把广大农民作为宣讲客体的还需要扩展。有些高校正在进行相关探索，比如：湖南科技大学的“智绘青春”宣讲团，就在2021年暑假到邵东、湘西等农村对农村基层干部和农民进行过理论宣讲，但次数有限，宣讲覆盖范围有待进一步拓展。

同时，高校思想政治理论课教堂团队的理论宣讲在形式上虽然已经开始多样化，但总体来看，理论宣讲多采用理论授课的方式进行，主要局限于课堂、会议室等室内场所。在教学平台的利用上，新媒体开发不够，宣讲平台需要进一步拓展。湘潭大学利用党史学习教育活动之际，利用中共韶山特别支部纪念馆、新民主主义革命起源地等红色教育基地开展现场教学，实现了红色文化、红色基因与理论宣讲的有机结合。这样的探索依然为数不多。同时，虽然新媒体已经成为理论宣讲的新平台，但真正把线上与线下宣讲相结合的也不多见。

第四，理论宣讲效果有待进一步增强。地方高校思政课教学团队的理论宣讲中，宣讲受众还存在被动参与的现象，严重影响了宣讲对象参与的积极性。在高校，通过党日、团日活动以及入党积极分子、预备党员等各级培训开展思想政治教育，是学生日常生活的必要环节。而地方高校思想课教学团队成员多是通过这些场景开展理论宣讲。这种理论宣讲近似于课堂教学模式，说教色彩浓厚，灌输痕迹很重，内容设计上对学生的主观感受和实际诉求考虑不到位，宣讲主体处于主动地位，宣讲对象处于被动地位，很容易产生被动接受的心理预设。[1] 也就是说，没有很好地解决思想性、理论性与亲和力的平衡关系，极大地影响了党的政策理论的“入脑入心”，弱化了理论宣讲对学生的感召力和亲和力。当然，也存在定位不准的问题。理论宣讲更多的是一个政治问题，

---

[1] 李济沅：《高校学生理论类宣讲社团的育人功能面临的困境及应对》，《高教论坛》2020年第8期。

而不是单纯的学术问题。宣讲是要将党所形成的理论、决定、决议等向全党、全国人民进行宣讲，宣讲的目的要落到增强“四个意识”、坚定“四个自信”及对党的方针政策的政治认同、思想认同和情感认同上来。

第三节　构建教学团队教学—科研—理论宣讲共生机制的主要思路

要破解当前高校思想政治理课教学团队在教学、科研、理论宣讲共生的现实困境，团队教师不仅要创新工作思路，而且必须充分发挥理论宣讲的合力效应，推动教学—科研—理论宣讲共同成长的有效机制。

一、压实党委构建“教学—科研—理论宣讲”共生育人体系的责任

“教学—科研—理论宣讲”共生要想取得实质性成效，必须压实高校党委的政治责任。高校党委必须从如下几个方面下功夫：

1. 提高政治站位，在组织领导上下功夫

高校党委必须从政治站位的高度认识理论宣讲的重要意义，在组织领导上下功夫。地方高校必须深刻认识教学—科研—理论宣讲工作共生的重要性，特别要从政治站位的高度认识到理论宣讲是地方高校思想政治理论课教师的重要使命，要把理论宣讲工作与培育大学生社会主义核心价值观结合起来，与培养时代新人的责任和使命结合起来，与实现中华民族伟大复兴的历史使命结合起来，并将其放到全校工作的大局中去认识、去把握、去部署，

增强做好理论宣讲工作的使命感、责任感和紧迫感。

2. 建立健全“教学—科研—理论宣讲”共生的长效管理机制

明确理论宣讲的组织与领导，加强宣讲队伍的建设与培养，完善宣讲员的管理与考核，规范宣讲内容、形式与方法，健全激励机制，完善保障制度。尤其是在职称评定、人才选拔上要突出理论宣讲的地位，构建科学化、程序化、规范化的地方高校理论宣讲制度。

二、构建“教学—科研—理论宣讲”协同育人体系

2019 年 5 月，教育部出台的《高校思想政治工作质量提升工程实施纲要》提出：“充分发挥课程、科研、实践、文化、网络、心理、管理、服务、资助、组织等方面工作的育人功能，挖掘育人要素，完善育人机制，优化评价激励，强化实施保障，切实构建‘十大’育人体系。”❶ 教学、科研、理论宣讲都成为“十大育人”体系的重要组成部分。为此，必须构建“教学—科研—理论宣讲”协同育人体系。

1. 进一步发挥教学育人的主渠道作用

教学育人实质就是通过课程的讲授教育完成教书育人的任务。作为“十大”育人体系第一位的育人体系，教育教学在贯彻落实党和国家教育方针、达成立德树人教育目标上做出了重要贡献，也取得了显著成效。高校思想政治理论课课程教学更是如此。要进一步发挥概论课教学育人的主渠道作用，必须深入挖掘概论课

❶ 《中共教育部党组关于印发〈高校思想政治工作质量提升工程实施纲要〉的通知》，2017 - 12 - 05，http://www.moe.gov.cn/srcsite/A12/s7060/201712/t20171206_320698.html。

教学中的家国情怀、法治意识、社会责任等内容，把爱党、爱国、爱人民的立场融入课堂教学中；进一步把我们共产党为什么能、马克思主义为什么行、中国特色社会主义为什么好的道理讲深、讲透、讲活，增强学生的“四个自信”。要进一步讲好“21 世纪马克思主义真理”，运用真理的力量打动和影响学生，让概论课真正成为影响学生终生的课程。

2. 要充分发挥科研育人的重要作用

所谓科研育人，就是通过学生参与科研项目、撰写科研论文等方式，培育学生的科研创新能力，提高学生思想道德素质的过程。概论课教师要善于从教学中捕捉科学研究的生长点，特别是要关注中国特色社会主义的重大理论和实践问题，以提高课堂教学的理论性和学术性。要发挥教师的科研优势，鼓励学生参与到教师的科研项目中来，通过阅读资料文献，尤其是党的重要文献，拓宽学生观察社会、了解党和国家政策的窗口，让学生进一步增强对党的理论方针政策的认同；通过科学研究，增强学生的团队精神，增强学生科研报国的使命感和责任感。

3. 要开拓理论宣讲育人的新平台

必须在提高理论宣讲的实效性上下功夫。要提高理论宣讲的实效性，一是必须准确把握宣讲客体的特点，精准施讲。地方高校思想政治课教学团队要面向不同层面、不同身份的宣讲客体。他们的经历、生活环境、面对的主要问题都存在很大差异，对党的理论方针政策的理解运用也会存在较大区别。因此，必须针对不同群体，各有侧重地进行宣讲。二是必须精心设计宣讲内容。理论宣讲，内容为王。总体来看，宣讲内容一定要立足于宣传党的大政方针政策，宣讲中央精神，要紧贴时政热点。不过，由于受众不同，必须有针对性地确定宣讲主题和宣讲内容。一般来说，对县级以上行政机关和事业单位应侧重根本问题、重大问题和深层次问题；对社区、企业和农民党员等群体，则应在讲清楚基本理论的基础上，围绕行业特点，侧重方略、措施，直面大众关切。[1] 而对高校大学生来说，则主要是将中央最新的理论创新成果和大政方针传递给学生，提高大学生的认识水平和觉悟。因此，必须注重理论的针对性。三是精心设计宣讲方式方法。理论宣讲的目的，就是通过最通俗化的语言讲解党的创新理论，使这一理论“飞入寻常百姓家”。换句话说，要让党的理论知识真正入脑入心，必须把党的理论方针政策讲活、讲生动、讲深刻，要努力探索将理论与实际更好结合的方法，要采用鲜活的形式进行宣讲。要改变开大会、念文件、讲政策的老一套，通过开设红色景点现场教学、农村“院坝会”“田坝会”等接地气的形式，通过云课堂、微视频等“暖心气”的空中课堂，持续用好网络信息技术，让理论宣讲变得“鲜活”、灵动，增强宣讲的吸引力、感染力，而不能拿着文件宣读。习近平总书记所提出的“要好用‘大思政课’”的要求，对我们开展好理论宣讲也具有一定的启发。也就是说，理论宣讲要体现生活化，要与现实结合起来。这样才能让理论变得有生命、有活力。四是用心选择宣讲语言。在马克思看来，语言是思想的直接现实。只有运用生动活泼、通俗易懂、形象有趣的语言，群众才能听得懂、听得清、听得进党的理论。所以，理论宣讲者必须深入浅出地阐释马克思主义的科学性和深刻性。努力把“普通话”翻译成“地方话”，把“书面语”转化为“聊家常”，着力解决群众听不懂、听不进的问题，虽然没有华丽的辞藻、煽情的渲染，却亲切又易懂，更能打动人。习近平总书记是

[1] 张文军：《新媒体时代党校教师如何面向基层开展理论宣讲》，《中国报业》2018年第2期第104－105页。

这方面的榜样。"平语"之所以近人，就是因为他的讲话生活化气息浓厚，话语风格生动活泼。"鞋子合不合脚，自己穿了才知道""撸起袖子加油干"等金句能够给老百姓留下深刻印象，主要缘于政治话语和理论话语的成功转换。

三、建立"教学—科研—理论宣讲"共生发展的激励机制

1. 必须在马克思主义理论研究和马克思主义理论学科建设上下功夫

要想充当好指导者和引路人的角色，地方高校思想政治理论课教学团队成员必须有扎实的马克思主义理论基础，必须用马克思主义理论引领大学生思想。因此，教师团队成员一定要学懂弄通马克思主义中国化的最新理论成果，并把研究阐释21世纪马克思主义作为学术研究的重要职责和任务，进行扎实的学理探究。首先，坚持问题导向，把马克思主义理论研究与我国发展、我们党执政面临的重大理论和实践问题相结合，提出解决问题的正确思路和有效办法上来。必须深入社会实践中去研究新情况和新问题，更好地切近时代的核心和脉搏，回应人民大众关切的问题，为理论宣讲提供知识增量。要紧扣时代性，把握规律性，回答好"怎么办怎么看"的问题，从而把社会成员的思想统一到马克思主义创新理论成果上来。必须坚持学术的视角，通过理论宣讲，在研究阐释中发现问题、提出问题、解决问题，扎实推进理论信念教育工作，为实现中华民族伟大复兴凝聚智慧与力量。其次，必须牢牢把握马克思主义理论学科的意识形态性，构筑我国意识形态建设的前沿阵地。学术研究、学科建设都必须坚持马克思主义的指导，决不搞宣扬西方意识形态和价值观的"学术自由"，为理论宣讲提供学科支撑。

2. 必须在加强地方高校思政课教学团队理论宣讲知识培训上下功夫

"教师思想政治状况具有很强的示范性。要坚持教育者先受教育，让教师更好担当起学生健康成长指导者和引路人的责任。"❶要开展好理论宣讲工作，必须建设一支政治素质过硬、业务能力精湛、宣讲水平高超的高素质教师队伍。

要针对现实中地方高校思想政治理论课教师团队在理论宣讲主题选择、宣讲内容、宣讲方法上跟不上时代变化，马克思主义理论知识的广度、深度上有所欠缺，马克思主义理论研究能力不足，使马克思主义理论宣讲的吸引力、感染力不强的问题，要进一步加强教师队伍马克思主义理论知识的学习和培训，建设一支理论功底扎实、富于学术探索精神、理论宣讲能力强、热衷于马克思主义大众化的理论宣讲队伍。通过这样一批真学、真懂、真信马克思主义理论的理论宣讲教师队伍，挖掘马克思主义理论研究、教学与理论宣讲的结合点，做到理论与实践相结合，做好理论宣讲与课程思想相结合，增强理论宣讲的吸引力和实效性。

3. 必须建立健全教学—科研—理论宣讲共生的保障制度

要激发概论课教师提高教学、科研、理论宣讲能力的积极性，必须建立健全相应的保障制度。

一是必须制定合理的发展规划并逐步落实。概论课老师应结合自身的优势思考教学、科研和理论宣讲的方向，分步骤、分阶段地制定切实可行的中长期计划，客观评价自身教学水平、科研能力和理论宣讲能力，主动查找和补齐自身能力的短板，合理分配教学、科研、理论宣讲工作的时间，并有针对性地提升自己。

---

❶ 《习近平在北京大学师生座谈会上的讲话》，《人民日报》2018 年 5 月 3 日第 2 版。

二是高校思政相关部门必须为每位教师提供良好的、可持续自我提升的发展平台。要打造一批经验丰富、灵活机动的教学、科研、理论宣讲帮扶小组，对团队青年教师进行特色培训和差异化培养；要构建教学、科研、理论宣讲合作机制，减少行政干预，鼓励和支持教师结合自身的优势和兴趣自由组团开展合作；不断提高管理的质量和效率，学校管理部门要及时发布与教学、科研和理论宣讲相关的前沿信息，鼓励团队协作，加大资金支持力度，不断拓展教师的发展平台。

三是必须营造有利于激发、调动教师参与教学、科研和理论宣讲的长效机制。必须改革不合理的教务、科研管理制度，优化学校对理论宣讲的支持政策，制定教学、科研和理论宣讲共生的管理制度、考评体系与奖惩制度。

CHAPTER 07 >>

第七章

构建概论课高质量教学团队建设的保障机制

近年来，在国家对概论课的高度重视和大力倡导下，各高校对概论课的教学不断进行改革和完善，在一些方面取得了可喜的成绩。但是，我们也应认识到，概论课教学仍然是思政课教学环节中的薄弱一环，还存在着诸多亟待解决的问题。其中，保障机制不健全是影响教学有效实施的重要因素。比如，教学的形式较为单一；概论课教学的过程缺乏统一的指导和科学的管理；高校对概论课教学团队的考核评价机制不完善；等等。为此，要保证概论课教学科学、持续和有效地开展，必须建立和完善各项保障机制。基于此，本章节首先阐述了保障机制的内涵要素，并在此基础上探讨了目前构建概论课教学团队建设已取得的成效和存在的问题，最后围绕概论课教学团队的组织管理机制、教师队伍保障机制、物质保障机制、考评和评价机制等几个方面，研究在高校构建科学规范的概论课教学团队建设保障机制的对策。

第一节 完善的保障机制是概论课教学团队建设的基础

保障机制指保证一项活动能够有效开展所必需的一系列“软件”和“硬件”条件，这些条件的提供能够促进活动的顺利进行。明晰保障机制的基本内容和要素，可以为进一步揭示概论课教学团队保障机制的本质，为后期分析概论课教学团队建设面临的问题和挑战，提出解决措施奠定前提和基础。概论课作为高校思想政治理论课的核心课程，能够帮助学生形成科学的世界观、人生观和价值观，因此，高校要设计和建构比较完善的教学保障机制，充分完整地发挥概论课的育人功能。

一、教学保障机制的内涵

《现代汉语词典》中对“保障”的解释有“保护”以及“起保障作用的事物”两种含义，“机制”一词是指自然界或人类社会的内部各个系统或者组织之间相互作用的过程和方式。因此，“保障机制”可以理解为一个组织在各要素的综合作用下，不断对反馈作出动态调整，从而保证事物各项指标按照既定标准和方向发展的过程。“教学团队建设的保障机制”可以理解为教学团队在内外部条件的支持下，以良好的教学实践环境和完善的管理制度为基础，运用先进的教学管理理念和评价机制，寻求持续提高教学质量的过程。教学保障机制构建主要包括教学管理保障机制和教师队伍保障机制两个部分。

首先，教学活动的顺利开展，需要以先进的管理理念和科学的制度体系为指导，并根据教学的实际情况不断进行调整，高校的各级领导者是完成这项工作的主要角色，一支高素质的管理队伍是加强教学质量管理的关键。概论课教学的直接负责者固然是概论课教师，但是教学活动的有效开展，离不开主管概论课教学的领导层和其他相关部门工作人员的参与配合，离不开“学校领导和管理人员更新工作理念和思路，自觉进行角色转换，自觉为团队建设提供周密的指导、支持和服务，为教学团队的建设搭建良好的工作平台，提供宽松的工作环境和充足的软硬件条件等”。[1]教学管理保障机制就是要求学校从制度上保证对概论课给予足够的重视，不因学校领导的变更而发生改变，现在高校普遍存在的问题是虽然成立了概论课领导机构，由学校党委一把手负责，分管概论课教学的校领导具体分工负责，高校其他相关部门共同参与，但实际上，这个领导机构很少召开专门的会议研究概论课教学，对思政课教学进行细致的研究。有些高校甚至没有设置这个负责概论课教学的领导机构。因此，高校要实行由党政“一把手”负责，学生处、团委、马克思主义学院牵头，系部和班级为单位的格局，要制定科学有效的教学目标和工作计划。

其次，要全面提升教学的实效性，必须建立一支实力雄厚的教师团队，教师队伍保障机制是提高教学质量的核心。从总体上看，有些高校概论课教师团队在年龄结构、职称结构、学历结构等方面的设置还是比较合理的，但是由于部分高校对概论课教师团队建设不够重视，导致在教学过程中还存在一些不可忽视的问题。目前，概论课教师短缺现象普遍存在，大部分高校都很难按

---

[1] 刘建凤、武宝林：《高校教学团队建设与管理探析》，《中国大学教学》2013 年第 4 期。

照教育部规定的师生比不低于1∶350的比例配备思想政治理论课教师[1]，由于教师配比不合理，导致绝大部分概论课教师由于过重的教学任务和科研任务，很难有时间和精力去实现自己的提升。此外，许多高校虽然严格按照教育部规定设置用于概论课教学的专项经费，但是依然存在经费投入少，经费使用不合理，利用率低等现象，这严重挫伤了概论课教师的积极性，限制了概论课教学活动有效开展。"办学之道，师资为本"，教师的热情和思想素质对教学质量的提高有直接的影响。因此，教学活动的开展，需要师资队伍量上的增加和质上的提高。这就要高校建立完善的教师队伍保障机制，以马克思主义理论建设为龙头，以人才培养为立足点，通过考核选拔，优化概论课教师团队结构，形成学历层次和职称结构配置合理，专职和兼职相结合的概论课教师团队，同时高校还要为提高概论课教师的教学水平定期开展教师培训，切实提高教师的科研能力和教学水平。

二、教学保障机制的构成要素

实施一项管理活动的任务就是根据系统论的原理厘清基本要素和各要素之间的关系，并从各要素之间的客观联系出发综合考察研究对象，从而找到处理问题的方法。对于构建概论课教学团队建设的保障机制来说也是同样的道理，需要分析其基本的构成要素，运用各个要素之间的相互关系和他们之间的发展规律来构建一套行之有效的教学保障机制。概论课教学保障机制包括主体性要素和关系性要素两个方面，主体性要素包括领导者或管理者群体、组织机构、教师团队，关系性要素包括物质保障机制、组

---

[1] 唐胜男：《高校大学生风险防范意识教育存在的问题及对策研究》，硕士学位论文，吉林农业大学，2019。

织保障机制、制度保障机制、考核评价机制五个方面。

高校中教学团队主要包括三种群体：领导者或管理者群体、组织机构、教师团队。管理者群体大多是学校的管理阶层，它在主体性要素中具有模范性作用。目前我国普通高校二级学院实行的领导体制大致有三种：院长负责制、党总支领导下的院长负责制以及党政共同负责制。领导者群体应该要时刻关注教师的动态，与教师群体构建一种相互信任、相互促进的关系。管理者群体还需要细心观察每一位教师的教学特点，并根据其特点调整教学岗位，为教师的教学工作提供可持续发展的空间。二级学院的组织机构一般包括学术科研机构、行政机构、教学运行机构、民主监督机构。高校教师群体是提高教学质量的关键因素，在实际的教学过程中概论课教师的专业知识、教学技能水平、思想道德素质等因素在一定程度上决定了概论课教师的教学效率，教师团队保障机制的建设应该以上述因素为支撑。学生既是受教育的客体又是受教育的主体，所以高校在致力于提高教学质量保障的工作中要充分认识到学生群体对于教学质量保障工作的重要性。

保障机制中的关系性要素能够为教学工作的展开提供基本的保障。关系性要素主要包括以下几个方面：

1. 物质保障机制

物质保障机制主要包括基本建设和经费投入两部分。基本建设投入指的是开展教学实践所需要的现代化设备和场所。进行概论课教学时，常常需要伴随开展一些活动，如座谈会、学术报告、讲座等，这些活动的开展需要报告厅、会议室等场地。除此之外，高校还应该为概论课提供基地资源，利用地方优势资源，建立一批有特色的实践教学基地。经费投入可以分为：（1）活动经费。包括组织学生开展社会调查、参观考察、假期社会实践等实践项目资助经费；指导教师的差旅费；外聘教师的课薪及开展实践教学活动的其他经费等。（2）研究经费。包括教学活动中研究项目开展所需经费、研究成果的出版和印刷、研究成果的出版资助经费等。

2. 制度保障机制

制度保障机制是教学工作得以顺利开展的法制保障，建立一套科学的制度体系，健全各项制度和机制能够保证教学活动有效、正常的运作。高校各项规章制度是包括人事管理、教学管理、科研管理等管理制度在内的一系列制度体系。其中教学管理制度是与概论课教学密切相关的，主要包括教师教学计划的安排和学生培养方案的制定、教师培训制度、教师教学工作基本规范等。只有负责概论课教学的部门在制度的范围内行使职权，履行职责，概论课教师以这些具体的制度为依据开展教学活动，才能使教学工作制度化、标准化。

3. 组织保障机制

组织保障机制是指建立健全教学的领导体制、加强教学的师资队伍建设。首先，要健全学校和学院党委统一领导，相关部门紧密配合的领导体制，领导层要制定教学的整体规划并定期了解具体课程的教学情况。主管教务、科研、人事的相关部门也要在教师队伍培训，实践教学等方面给予支持。其次，要完善教学科研组织机构，教学科研组织机构负有统一管理教师、负责学科建设和人才培养等职责。具体来说教学科研机构要制定教学计划和实施方案，定期检查教学的运行情况，加强教师队伍建设。最后，还要加强专职和兼职结合的教师团队建设。一方面要合理核定教师编制，配备足够数量和质量的专任教师；另一方面，要拓宽实践教学的师资来源渠道。

4. 考核评价机制

对教学管理活动的各个方面进行考核与评价，有利于为教学质量改进提供有效的依据，能够在一定程度上提高教师教学水平和教学管理人员的管理水平。高校的考核评价机制一般分为教学考核和工作业绩考核，教学考核是对教师的教学过程和结果进行价值判断，工作业绩考核是对教师的教学和科研进行全面考核的一种考核方式。

三、构建完善的教学保障机制的意义

自20世纪末以来高校持续扩招使中国提前进入了高等教育大众化时代，思想政治理论课在高校课程体系中的作用是毋庸置疑的，如何在高等教育大众化进程中保证学生具有较高的马克思主义理论水平和实践能力是高校必须深入思考的重要问题。[1] 高校概论课教师承担着对大学生进行系统的马克思主义理论教育的任务，是思想政治教育的主渠道。

具体说来，概论课教学团队可以由教学管理团队、教师团队、学术团队组成，其中教学管理团队负责制定教学的日常规范，教学团队侧重研究概论课的整体性，学术团队侧重研究马克思主义理论本身的整体性，它们相互合作共同完成概论课教学和研究的神圣使命。但由于现阶段高校概论课教学在教学时间和空间等方面都发生了深刻变化，因此，必须创造和具备比较完善的保障机制，才能真正取得教学实效。

为了保障概论课教学团队共同愿景的实现以及教学活动的顺

---

[1] 华学成、王红艳、张琴：《高校思想政治理论课理论与实践一体化教学模式研究》，中国矿业大学出版社，2014，第76页。

利开展，高校必须建立完善的内部运行机制和保障机制，教学团队中的管理层要实时更新教学工作的理念和思路，自觉为团队建设提供与时代发展紧密联系的指导、支持和服务，为教学团队的建设提供良好的内部环境和充足的物质条件。有完善的保障机制作为支撑，概论课教师才能集思广益、群策群力，共同研究概论课教学如何有效利用教学资源突破教学的重点和难点，如何充分调动学生的积极性，如何改善概论课的教学现状，如何较好地实现概论课的教学目标。

1. 完善的教学团队保障机制有利于提高概论课教学团队的整体水平

概论课不同于高校一般的专业课程，涉及政治、经济、文化、国防等多个方面，对于大学生树立正确的世界观、人生观、价值观以及中国特色社会主义的共同理想有着重要的意义。仅仅凭借概论课教师个人是很难完成教学任务的，必须以团队为依托进行协同攻关。并且概论课的教学内容要随着时代发展不断更新，概论课教学团队只有将理论与现实结合起来，才能解答学生的困惑。所以概论课教学团队保障机制的建设就显得尤为重要，保障机制的建设的完善有助于激发概论课教学团队的积极性，团队成员在科学的管理体制和保障机制下可以围绕教学中的重点、难点、热点进行集中攻关，实现优势互补，从而提升整体的教学水平。

2. 完善的教学团队保障机制有利于进一步改善概论课教师团队结构，促进概论课学科专业建设和教师的专业发展

长期以来，高校概论课教学一直存在着诸如教师数量少；教师在主观上不重视本职工作；教师自身发展得不到提升；教师团队结构不合理等难以克服的顽疾。因此，高校可以通过完善的概论课教师团队保障机制来解决上述问题，可以通过统一规划，将

学科背景、学缘结构各不相同的概论教师引导到一个教学方向上来，从而将分散的教学和研究转变为集中攻关，有利于形成概论教学独特的优势，增强学科的影响力。另外，完善的保障机制可以为不同年龄、不同学科背景的概论课教师提供一个相互交流，相互学习的平台。在提升学科影响力的同时也能够为教师个人发展提供更广阔的发展空间，从而实现概论课教师团队和教师个人的共同成长。

第二节　构建概论课教学团队建设保障机制面临的问题

总体而言，我国各高校概论课教学团队建设已取得了一定成效，教师队伍不断发展壮大，教师素质不断提高。目前我国高校在概论课教学团队保障机制建设方面也取得一些进展，如教师队伍不断优化、初步建立了概论课教师团队建设的保障机制、教学评价主体日益多元化等，但仍然存在某些问题，比如教学团队结构不合理、教学团队保障机制不完善、评价反馈尚未落实、考核激励效果不太显著等。究其原因，主要是因为保障机制建设不够健全。

一、构建概论课教学团队建设的保障机制取得的成效

1. 概论课教师团队不断优化

教师团队建设关乎学生专业知识能力掌握情况以及学校整体的师资水平，教学团队作为教学活动的直接参与者和实践者，其作用不容忽视。目前，我国各高校在国家大力倡导思政课改革的

背景下，不断对概论课教师团队进行优化，高校在优化概论课教师团队方面取得了如下进展：第一，坚持培育概论课的教学名师。很多高校通过申请专项教学和科研经费，选拔与培育概论课的教学名师，发挥其在教学团队中的示范和引领作用。教学名师带领教学团队，可以使得概论课教学梯队逐渐趋于科学规范，从而在整体上提高了教学团队的教学能力和水平。第二，师资团队规划逐渐科学合理，教育部规定了思政课授课教师需要具备的素质以及合理的师生比，各高校根据教育部的要求不断对本校的思政课教学团队结构进行调整，包括教师的学历、职称和年龄结构以及教师的数量。在此背景下，概论课教学团队建设也得到受益，师资团队建设被纳入学校师资队伍建设总体规划之中。第三，能够根据人才培养的需要，开展概论课教师培训并制定青年教师专业发展规范，促进了青年教师教学水平的提高。

2. 初步建立了概论课教师团队建设的保障机制

近年来国家相关部门为了保障思政课教师团队建设的有力推进，结合时代发展需要，制定了高校思政课教师的具体规范。如2019年的《普通高等学校思想政治理论课教师队伍培养规划（2019—2023年）》。2020年出台的《新时代高等学校思想政治理论课教师队伍建设规定》对思政课教师的考核评价、奖惩等方面作了细致的规定，同时提出建立高校思政课教师培训机制。这些文件的出台有利于构建起推动思政课教师队伍不断发展壮大的有效机制。概论课教师虽然隶属于思政课教师团队，但是概论课主要是将中国化的马克思主义最新理论成果传授给学生，有着不同于其他几门思政课的授课特点，所以国家相关部门应该为概论课教师团队建设建立专门的保障机制。除此之外，各高校也为概论课教师团队建设初步建立了相关的保障机制。

二、概论课教学团队建设的保障机制存在的问题及成因

1. 概论课教学团队建设保障机制存在的问题

具体来看，概论课教学团队建设保障机制存在的问题主要有如下几个方面：

第一，概论课教学团队结构不合理

概论课教师团队一般学科背景多样，许多地方高校还存在党政机关人员兼任概论课教师的情况，而概论课程在理论上和内容上涉及范围较广，包括政治、经济、文化、军事等诸多问题，如果教师不具备扎实的理论功底，没有经过系统的教学技能训练，在教学过程中遇到社会发展的热点、难点等问题时，便不能更好地为学生答疑解惑。照本宣科、流于形式的理论教学很难得到学生的认可。而大学生又是各种意识形态争夺的焦点，马克思主义理论阵地的失守将使得大学生出现“理想信念的动摇，造成了精神上的缺钙”。“抛弃了远大理想……价值虚无，甚至以批评嘲讽马克思主义为‘乐事’”❶。在概论课教师加入某一教学科研团队时，会存在因为学历情况、职称结构、学缘结构等不尽相同，而在合作过程中合作交流不畅的问题。一是学历结构问题。近年来概论课教师队伍结构得到明显的改善，学历层次在整体上有大幅度提高。但还应当看到，就目前中国整个高校概论课教师团队学历结构而言，平均学历偏低。由于整体学历偏低，在课程建设上就会先天不足，导致概论课教师团队在面对高层次的教学难题和科研攻关课题时由于缺乏重大教改立项领军人物而使整个学科建设受影响。二是学缘结构问题。概论课教师中思想政治教育和法

❶ 吉方平：《补一补“信仰之钙”》，《解放日报》2013年8月28日第1版。

学专业占比较大。在专兼职结构上，专任教师数量偏少，很难达到教育部要求的标准的师生比，而且兼职教师大都在行政岗位上工作，在教学上的投入相对较少，外聘的概论课教师游离于团队之外，更不利于沟通交流合作。所以，在整个概论课教学团队建设中，很难形成合理的梯队结构，不利于整个团队的建设。三是学术梯队问题，在职称结构和梯队建设上，基本呈两头小，中间大态势，即教授和助教偏少，与专业教师的同项比例比较明显偏低。四是在年龄结构上呈现“两头重，中间轻”的现象[1]。五是在职称结构上，高级职称教师少，中低级职称教师过多，教学团队职称梯度不明显，互补性不够。六是教学团队成员大部分是“从学校到学校”，知识技能结构上缺乏师范教育经历和工程实际经验，导致教学能力和专业能力俱佳的“双师双能型”教师偏少。这几个方面使得在整个概论课教学团队建设中，很难形成合理的梯队结构，不利于整个团队的建设。

第二，概论课教师团队建设缺乏体制机制支撑，保障机制不完善。

概论课教学的高效开展，离不开社会、学校等多方面的协调配合。因此，完善的教学保障机制就显得尤为重要，教学保障机制主要包括组织领导机制、师资队伍保障机制、物质保障机制与考核评价机制等方面，但在现实的概论课教学过程中，这些保障机制的建设还不够完善，实际落实的过程中也存在很多问题。不少高校对于概论课教学团队建设不重视，教学团队内部的管理机制以及教学团队工作运行体制机制不够完善，概论课教师的积极性主动性还没有得到充分发挥，不少高校的概论课教师还处于放任自流的状态。

---

[1] 王虹、丛婷婷：《高校思想政治理论课教师队伍建设的若干问题及思考》，《沈阳师范大学学报（社会科学版）》2010 年第 1 期。

一是组织领导机制不完善。高校中分管概论课具体教学和科研工作的二级机构是组织保障中的核心。但是有些院校，没有设立这样的独立机构，概论课教师没有归属感，只是把日常的教学当作一种工作任务，教学团队的积极性没有充分调动起来，这种情况不利于课程的建设和改革。另外，高校概论课实践教学也没有具体的组织领导机制。比如，一些高校还未将概论课实践教学纳入整体的教学安排中，缺乏对概论课教师工作量的评价标准。概论课几乎是每个高校学生的公共必修课，它既需要有整体上负责教学的领导机构，也需要不同系部二级领导与机构的协调组织，仅靠概论课教学单位独立组织实践教学是非常困难的。另外，大多数高校的概论课教学过程与环节还不规范，没有明确的教学计划和大纲，也没有相应的教学文件以及各教学环节方面的管理制度，等等。正是由于许多高校尚未建立起与概论课教学相关的组织管理机制．缺乏对教学环节的具体组织领导，导致概论课教学难以有效、规范、持续地开展下去。

二是经费保障机制不完善。有资料显示，“54.2% 的学校实践教学的经费为 0，8.3% 的学校需要临时申请，有 8.3% 的学校生均 20 元/年的思想政治理论课的专项经费得到了落实”。[1] 因此，经费的缺乏就成为广大概论课教师在组织实践教学中面临的一个重大难题。一般来说，实践教学是概论课教学中资金需求最大的环节，如果长期缺乏资金的支持，会制约高校概论课的发展。一些高校由于缺乏良好的经费保障机制，用于概论课实践教学的专项经费很少甚至是没有。概论课实践教学，是一项包括校内实践教学与校外实践教学在内的复杂的教学活动。要达到良好的实践教学效果，就必须与其他的专业课程一样拥有与其自身的教育功能

---

[1] 李庚全:《思想导航 筑梦中国 体育院校思政课教学育人的理论创新和改革实践》北京体育大学出版社，2016，第 200 页。

相匹配的经费作保障，所以，各个高校理应按照学生总数和概论课实践教学实际所需经费来安排专项经费，以确保学生能够利用假期进行社会调查、参观考察，从而最大程度上达到概论课实践教学的效果。

三是考评评价机制不完善。概论课教学的考核评价机制应该包括对教师教学效果评价和学生完成课程质量评价两方面。但是实际上，在很多高校中这两方面的考核和评价要么不全面，要么评价的标准过于单一化，即单纯地以是否在规定学时内开展实践教学为依据进行评价，而未能顾及概论课教学是否达到预期效果等其他方面的评价。此外，概论课教师的教学奖励机制和职称职务评聘机制也不完善，一些高校在设置奖励机制和职称评定机制时更多的是考虑专业课程的建设和发展，于是概论课等一些公共课程建设就处在一种边缘化状态，所以在概论课教师的表彰奖励方面没有相应的比例，在职称职务晋升方面，渠道不畅，不利于教师的职业发展。考核评价机制的不健全，不仅影响概论课教师的积极性，也大大降低了概论课教学的实施效果。在概论课教师的培养和培训方面，没有制定合理的培训计划和系统的培训体系。此外，一些高校因为缺乏科学的管理理念和完善的配套机制而导致教师错失了参与培训的机会。比如多数高校概论课教师的教学任务繁重，除了全校统一安排的概论课公共课程外，许多教师还要承担硕士和博士的研究生专业课、人文文化素养类选修课等课程的教学，繁重的教学任务使其错失了一些参与培训的机会；还有一些高校存在重科研轻教学的倾向，承担课题、发表论文、出版专著等成为教师职称晋升的硬性指标，概论课教师因此在承担大量教学工作的同时还要利用课余时间开展学术科研活动，使得提升自身素质、学历水平的时间和精力更加受到挤压，甚至完全取消。师生比过高、经费划拨额度有限、考核及职称指标不单列等一系列问题，也是阻碍概论课教师队伍可持续发展的障碍所在。

完善的组织管理制度、充足的物质条件支持以及良好的政策环境，是概论课教学团队正常运行并取得优秀成绩的前提。为此，高校应按照物质激励与精神激励相结合的原则，出台并实施配套的组织管理制度和奖励政策，为概论课教师团队积极开展教学工作营造良好的外部条件。同时，实施科学有效的绩效考评机制也是调动概论课团队建设积极性的重要途径。在评价主体上，既要注重上层领导和管理部门工作人员及同行专家的评价，又要注重学生对课程的评价；在评价内容上既要体现显性教学成果的评价，又要体现是否能够促进学生综合素质提升等隐性成果的评价；在评价方法上，应形成主观评价与客观评价相结合，定性评价与定量评价相配合的评价考核方法；在评价环节上，应把目标评价和过程体系评价相结合，既注重概论课团队建设期满的合格评价，又注重概论课教学团队建设过程的阶段性考核。总之，相对完善的机制为实现理论教学和实践教学的同进互补，提高概论课教学的针对性和实效性提供基础保障。

2. 构建概论课教学团队建设保障机制存在问题的成因

首先，高校对概论课教学团队建设不够重视是保障机制不完善的重要原因之一。很多地方高校将概论课教师与专业教师区别对待，更倾向于关注专业课的教师团队建设。这就会导致很多“概论”教师，缺乏对自身职业的归属感，只是将授课作为谋生的工具与手段，把评定职称需要的业绩指标作为工作的奋斗目标，对自身的职业发展缺乏整体规划。另外，有些高校对概论课教学团队在资金、技术、设备上的支持有限，外在保障机制不够稳定使得概论课教师不能够完全投入教学工作中，这就导致概论课教师队伍在整体上存在着团队结构不合理和合作水平不高等问题，缺乏骨干教师，教师团队仍未形成有序梯队。教师的学历职称不高，缺乏有效的教师培训模式，教师出去学习进修的机会较少。许多专业课的教学局限在学校和课堂上，对学生的实践能力培养不到位，从根本上制约了教学质量的可持续发展。因此，需要壮大概论课师资队伍，提高教师的素质，培养骨干教师和专业带头人。

其次，学校和二级学院概论课教学管理团队亟待完善。目前部分高校层面制度安排比较清晰，学院层面则相对模糊，也有一些高校学校层面和学院的教学管理团队都需要进一步完善。由于传统观念的固化，大多数学校和二级学院认为教学管理工作就是简单的安排课程，组织考试，解决学生的日常问题等，因此，学校和各二级学院在遴选教学管理人员时缺乏对应聘者的全面的考察，导致一些高校教学管理人员专业知识和专业能力薄弱，无法对教学信息进行有效的整体和归纳。另外，很多服务于概论课教学团队建设的一线教学管理人员没有经过系统的管理专业知识的学习，导致其在从事教学管理工作后，不能细化教学管理规范，执行时难以达到教学工作规范化、制度化、程序化的效果。

最后，概论课教师受内外部环境因素的影响日益增大。就内部环境来说，近年来，随着市场经济的快速发展，概论课教师会因个人、家庭、学校乃至社会环境等因素，使自身的思想政治状况受到影响甚至挑战。概论课教学团队建设面临的重大挑战之一是如何保证教学队伍在社会主义市场经济快速发展和实用主义思潮不断涌现的时代背景下依然保持稳定与可持续发展。一些概论课教师受西方实用主义观念的影响把概论课教学当成事业发展道路上的跳板；有的教师直接认为讲授概论课没有发展前途，因而不重视自己的本职工作，伺机跳槽；大多数概论课教师的课堂没有活力，效果差。这些问题都会造成概论课教学队伍缺乏稳定性和可持续发展性。就外部环境来说，西方资本主义国家从未停止过诋毁、否定中国特色社会主义，面对这种外部压力，个别概论课教师不能坚定理想信念，甚至出现思想上的动摇，进而影响整个概论课教师团队保障机制的建立和完善。

第三节　构建概论课教学团队建设的保障机制

高校概论课教学在高校教学工作中是不可缺少的重要一环，具有不能替代的作用和特殊重要的意义。但由于高校概论课教学随着社会实践的发展，在教学理念、教学时间和空间等方面都发生了深刻变化，因此，必须创造和具备比较完善的保障机制，才能真正取得教学实效。

一、建立完善的组织保障机制

概论课教学团队建设是一项涉及主体多样，涉及内容和范围广泛的系统工程。它不仅是概论课教学部门和教师的任务，还需要社会各界、学校领导和学校各部门的高度重视和配合。要确保实践教学的正常进行，首要的是要建立有效的领导体制和工作运行机制，为概论课实践教学提供强有力的组织保障。

学校管理层要为基层概论课教师团队的教学活动和科研活动提供支持，保障和激发基层概论课教师的热情和活力。中央和地方教育主管单位要善于听取基层概论课专家对于教学的意见。另外，还要给教学团队提供必要的物质技术支持，使他们拥有充足的经费和师资保障，不会因物质条件的限制而无法有效开展教学和科研活动。只有高校领导层和组织管理机构真正重视基层概论课教师团队，积极为基层教师开展教学活动创造条件，才能使概论课教学团队获得长足的发展，从而带动整个学科的发展。

1. 学校需要成立专门负责概论课教学工作的常设机构

首先，学校除了要成立负责课程规划和指导的“概论课建设领导小组”以外，还应在领导小组下面成立以分管概论课教学的“概论课实践教学指导委员会”或“概论课实践教学指导办公室”等常设机构，专门负责概论课的教学工作，定期开会讨论与教学相关的问题并提出指导性意见❶。教务处和概论课教学部门要负责教学活动的组织和实施，每个概论课教师要和学生相互配合，对教学活动和课程进行具体管理。从目前情况来看，全国大部分高校均成立了“概论课建设领导小组”，但有不少高校的领导小组却形同虚设，很少开展实质性的工作，导致整个概论课建设处于尴尬境地。其次，学校应该创造有利于教师发展的自由、民主、有凝聚力的教学环境。教学团队建设离不开良好的组织氛围环境。高校领导在政策导向上要鼓励概论课和其他学科之间的相互交流和交叉渗透，在校内形成一种不同学科之间的相互促进共同发展的良好教学氛围；要坚持学术自由的原则，按照学术标准来解决学术问题；采取多样化的管理方式，对不同学科采取不同的方法；实行民主管理体制，并赋予二级学院或学科带头人较大的自主权。加强概论课学风建设，树立“严谨、求实、创新”的学术风气，

---

❶ 赵冰梅、曲洪波等：《思政课落实创新计划背景下的概论课教学改革探索》，东北大学出版社，2016。

为中青年概论课学科带头人和青年骨干教师提供一个公平竞争的学术环境；营造一种和谐融洽的人际关系和外部环境，加强概论课学科教师的凝聚力、向心力，为教学团队提供愉快的工作环境。最后，要从改善领导体制上解决概论课教学团队保障机制不完善的问题，改变很多高校都存在的多头领导的现状。要将概论课教学的宏观指导工作具体划分到负责教学和学生工作的部门，这样在具体教学方案的制定和实施中，可以有效避免思路不一、内容不合的冲突。

2. 要成立概论课教学模式实施的领导机构

学校应成立由分管领导牵头的包括组织部、宣传部、学工部、教务处、人事处等部门领导参与其中的领导小组，明确各部门的工作职责，形成齐抓共管的工作网络，解决结合过程中出现的问题。成立大学生概论课工作调研组，定期对全校的思想政治理论课教学和思想政治工作进行全面的调查研究，党委根据调研情况，定期召开专题研究会，适时调整工作内容，增强思想政治工作的针对性。

二、建立科学的规章制度

长期以来，我们国家根据概论课的教学特点不断加强和改进学校思想政治教育的规章制度等。实践证明，这些制度具有强大生命力和巨大优越性，也是我们坚定思想政治教育自信的科学依据。习近平总书记在高校思想政治理论课教师座谈会上指出“我们办中国特色社会主义教育，就是要理直气壮开好思政课”[1]，充

[1] 习近平：《用新时代中国特色社会主义思想铸魂育人 贯彻党的教育方针落实立德树人根本任务》，《人民日报》2019 年 3 月 19 日第 1 版。

分彰显出这份自信。在这些规章制度中要求思政课实践教学坚持理论与实际相结合的原则，注重实践教学与课堂教学、社会实践活动、志愿服务活动相结合，实现思政小课堂与社会大课堂的契合，以此强化实践育人功能。

概论课教学是思政课教学中的一个重要组成部分，是一个涉及多方面的复杂系统工程，必须以一套较为完善的教学制度和教学团队保障机制为依据。综观目前高校的教学管理制度可以说是纷繁复杂，但是缺少有关概论课教学的具体规章制度。制度的缺失会导致教学处于无序、混乱的状态，部分高校的概论课教学之所以没有取得实质的进展，重要原因之一就是由于缺乏有效的制度设计。因此，严格的管理和健全的制度是概论课教学科学化、制度化、规范化的有效保障。由于概论课教学的特殊性，高校组织管理机构在制度的设计和安排上还要根据概论课的课程特点有针对性地进行制度设计。教学的制度设计应该从宏观和微观两方面着手。宏观上主要是指学从组织领导、机构设置、经费投入等方面构建概论课教学的最高制度保障。微观上主要是指从具体操作的层面对教学工作中的具体组织和程序等方面进行制度安排，只有从宏观上和微观上设计和制定从学校领导层到概论课教师团队这样一体化的管理制度，才既可以防止概论课教学在组织安排上的随意性，防止理论和实践脱节的情况❶。负责概论课教学的二级学院在严格执行学校相关组织机构制定的教学指导文件的同时，还要根据本学院教学基本情况和授课学生的专业情况制定相关的教学管理规章制度。这些教学规章制度应涵盖课程设置、教学体系的建立与完善，会进一步加强和规范教师从教行为的规范，应

---

❶ 赵冰梅、曲洪波等：《思政课落实创新计划背景下的概论课教学改革探索》，东北大学出版社，2016。

涵盖课程建设、教学运行、教学质量等方面，做到教学过程中有章可循，为概论课程建设和概论课教师团队建设提供有力的制度保障。也要涵盖学院教师岗位责任制、学院教学质量监控实施办法、集体备课（听课）制度、试讲制度及档案保管制度等。

三、建立合理的物质支持保障机制

概论课教学过程中缺乏必要的物质支持和保障是造成教学活动难以顺利开展和取得应有效果的最大障碍。随着教学时空的扩展，概论课教学更加依赖于物质条件的支持和保障，教学资源库的建立和完善、教学基地的开辟和建设、外出社会调查的支出、都需要有充足的经费保障。否则，即使组织再有力，制度再健全，教师再积极，学生的参与热情再高，实践教学要取得实效也只能是一句空话。

1. 概论课教学活动的经费投入

长期以来，教学活动经费的短缺成为制约高校概论课教学正常开展的重要因素。一方面，由于缺乏概论课实践教学的专项经费，许多高校的概论课教师长时间不能走出校门带领学生参加社会实践、进行参观考察等，自己也没有机会参加培训和交流学习，这就使得概论课教师的理论修养及教学水平得不到及时提高，在对教学进行设计时视野不够开阔、对教学资源和素材的挖掘不够深入；另一方面，概论课专项经费投入的不足使得大学生的实践大多局限于课堂上或者校园里，即使有参加社会上实践活动的机会，也往往由于经费的限制只能是以部分学生参加的形式来组织，这不仅降低了实践教学活动参与主体的人数和比例，影响了大多数学生参加实践教学活动的积极性，而且最终导致概论课实践教学整体效果的降低，无法实现学生全员参与接受教育的任务。由此可见，必要的经费投入是开展概论课教学以及开展实践教学的必要条件之一。高校学校每年要拨出一定数量的概论课专项经费并列入经费预算，使概论课实践教学得到最基础的物质保障。与此同时，概论课教学单位也要采取积极措施．探索和建立社会实践与专业学习相结合、与服务社会相结合，以及通过校地，校企“共建”的模式，吸引与鼓励社会参与，充分利用社会各界的力量，多渠道筹措资金，以有效保障概论课实践教学的深入发展。

2. 相对稳定的概论课教学基地建设

相对稳定的教学和实践基地是高校概论课教学的重要物质依托，是将理论知识与实践相结合的有效途径。高校应根据概论课教学内容和人才培养目标的要求，结合授课学生的专业特点，以及学校当地的资源条件，有针对性地在校内外建立起规范稳定、形式多样的实践教学基地。校内概论课实践教学基地的建设，要在学校党政的统一领导下形成体现师生双向互动，提高师生参与度的良好机制；校外概论课实践教学基地的建设，要充分利用当地的历史文化资源，通过将书本理论知识学习与社会实践活动相结合的方式，培养学生解决理论问题和现实问题的能力。另外，高校可以借助当地的企事业单位和社会各类实践资源在建立实践教学基地时，把实践教学与服务社会结合起来，尽量减少接收单位的压力和负担。同时，与高校合作的企事业单位亦应增强社会责任感，努力构建科学合理的管理机制，以开放、热情的姿态接纳大学生参与到企事业实践活动中来，为大学生提供更多“受教育、长才干、做贡献”的平台。各个高校之间也要实现资源共享．可组织学生互到对方的实践教学基地开展活动，既开阔了实践教学的领域，又节约了实践教学的经费。此外，实践教学基地建设不能一劳永逸，而应根据概论课教学改革的不断深化和经济社会生活的发展变化而调整、扩充和完善。

3. 概论课教学资源的挖掘和利用

概论课教学资源，为了促进学生将理论知识和社会实践相结合，推进学生思想认知发生变化的一系列外部支持条件的总和。因此，概论课教学必须以丰富的教学资源作为基础，教学资源的开发利用是否充分直接影响到实践教学的效果。概论课教学资源从时间角度看，既可以以中国传统节日、重大历史事件纪念日等为契机开展主题教学活动，也可以利用寒暑假等假期组织学生走出校门开展社会调查和志愿服务等活动。从空间角度看，既可以利用校内资源，比如图书馆、校史馆、网络中心等资源，也可以利用社会资源如革命遗址、文化遗迹和各类博物馆、党史馆、展览馆等历史文化资源，也包括厂矿、农村、改革开放前沿地区、经济发展欠发达地区等现实资源。概论课教学资源的挖掘和利用，就是要整合校内和校外资源并积极开发网络资源。与此同时，“概学”课教学资源还要与其他几门思政课的教育资源打通，实现优势互补。只有这样，思想政治理论课实践教学才能内容丰富、形式多样和有效开展。

概论课教学团队建设必须具备充足的教学资源。缺乏必要的资源，概论课教学团队建设便无从谈起。具体来说，概论课教学团队教学需要信息、资金等方面的资源，所以组织必须创造必要的条件，保证其能及时得到足够的资源。这种积极的支持能为团队的顺利发展奠定扎实基础，便于教学团队便可以集中精力搞好教学工作。首先，高校应该为概论课教学团队创造硬件条件，比如现代化的教学设备以及资料其齐全的图书馆和资料室，这些资源都能够为概论课团队成员的教学提供一个良好的硬件条件，有利于课堂教学改革的顺利进行。其次，学校要为积极为概论课实践教学筹集专项经费。一般来说，学校财政部门的专项拨款是概论课实践教学经费的最主要来源。学校既要从人才培养的高度，也要从课程建设的高度保证专项经费的落实。同时，也可以通过智力输出的方式与有关企事业单位、实践教学基地本着“互利互惠”的原则筹措经费，以弥补专项经费的不足[1]。但是学校的投入是有限的，不能充分满足基层教学团队的需要。因此，教学团队内部要有计划地做好工作，通过尽力提高研究水平获得更多的经费，通过向社会提供专业的咨询服务扩充财源，然后将自筹经费用于硬件设施建设。概论课实践教学经费的获得是来之不易的，作为概论课教学部门和教师一定要珍惜，保证专款专用，把有限的经费真正用在“刀刃”上，发挥经费的最大效益。总之，构建概论课教学团队经费保障机制，必须要进一步加大资金投入。学校应将实践教学经费纳入学校教学经费预算，专项列支的同时也要建立概论课实践教学活动基金，为其正常开展提供必要的经费保证。还要加强资金管理，提高经费使用效率。由学校学工部门（或团委）统一协调经费使用，科学规划实践活动的开展，避免重复实践的现象。课外实践活动可采取项目化运作方式，提高资金使用效率。

四、建设稳定的师资队伍保障

长期以来，概论课教学之所以没有取得应有的效果，师资队伍保障机制存在的不足也是一个不可忽视的原因。任何一门专业课程的教学活动都需要任课教师提出具体的方案并组织学生实施，课程后期要及时对学生的能力状况进行综合评价等。因此，概论

---

[1] 赵冰梅、曲洪波等：《思政课落实创新计划背景下的概论课教学改革探索》，东北大学出版社，2016。

课教学成功与否的关键在于能否建立和健全一支相对稳定的教师团队对该课程和实践环节进行科学的指导。这支相对稳定教学队伍应该是由校内外专职老师和兼职老师组成的，专职老师就是高校概论课专职教师，兼职老师包括各院系分管学生工作的党总支书记和分团委书记以及政治辅导员、校外辅导员（社会实践基地优秀干部和工农群众）。如果条件许可，还可聘请工作责任心强、业务水平高而又热心于学生思想政治教育的其他专业教师担任任课教师。其中，专职教师是概论课开展的骨干教师，负责具体课程计划的制定、对学生的辅导和考核。各院系分管学生工作的党总支书记和分团委书记以及政治辅导员应是课程顺利开展的坚定支持者和引导者，他们除了正确引导本院系的学生按照计划参加课程外，还可带领并具体指导社会实践。所聘请的社会实践基地优秀干部和各界人士担任社会实践校外辅导员，平时可到学校讲授一些有关社会实践的知识，为学生提供必要的帮助并进行现场指导；聘请工作责任心强、业务水平高而又热心于学生思想政治教育的其他专业教师担任导师。有了这样一支相对稳定、专兼职结合的教师队伍，共同为实施社会实践计划，提高社会实践的水平和质量提供有利条件。

要建立和健全这样一支相对稳定的教师团队，必须按照合理流动、动态稳定的原则，逐步建立能进能出、择优上岗、可持续发展的队伍建设机制。从当前高校来看，需从以下几个方面着手：提高认识，搞好规划，下大力气规划建设好实践教学队伍；确立制度，逐步形成思想政治教育工作人员择优输入、相对稳定、按需培养、奖惩分明和合理分流的良性运行机制，培养和造就一支能适应新形势的工作队伍；从制度和机制上解决好专职人员的职称和待遇问题，使他们有温暖的归属感、安全的保障感和奋斗的成就感；利用政策杠杆增强吸引力，使思想政治教育工作成为人人尊重和羡慕的工作岗位。

五、进一步完善科学的考核评价机制

目前很多高校对概论课教师的评价和考核都存在一个严重的问题，就是把评价和考核仅仅作为日常管理工作的一个部分，而且对教师的考核评价存在单一性，仅仅局限在奖惩性的评价上，把考核评价的结果直接与职位晋升、薪资等挂钩。这种单一的评价和考核方式仅仅停留在管理的层面，而忽视了教师自身发展的需要，没有达到教学考核和评价的最终目的。这种单考核评价方式会使得教师在制定个人发展目标时，缺乏明确的方向和目标，很难把个人发展目标与学校要求的教师队伍建设目标协调起来，不利于教师积极性和主动性的调动和学科的建设和发展。

为了保证概论课教学团队有更多的教学成果，必须建立科学的考核评估保障机制，对概论课教师的考核，应突出教学效果、突出教师对学生思想状况的了解、突出教师解决学生思想问题的情况，而对课题与论文的要求应当为次。学校应结合实际情况，建立健全教学考核和测评体系，特别是要在考核的基础上进一步完善教师的晋升制度和奖励制度，激发教学团队的积极性和创造性。

1. 设计全面的考核和评价的指标体系

在考核指标体系的设计上制定以概论课教学团队业绩为核心，由专业知识、教学能力和教师思想道德素质等要素构成的全面的评价考核指标体系。在设计每一个要素的考核内容时，也要坚持全面性，例如，在进行概论课教师教学绩效考核时，不仅注重过程，也重视效果；不仅重视课堂教学效果，也重视课外辅导情况；

不仅重视教师的教学能力，也重视教师对待教学和学科专业的态度；在设置绩效考核指标时不仅要考虑学科共性要求，对不同学科和专业也要区别对待。在坚持全面性和科学性原则的指导下，不同类型的高校应结合学校的实际情况，将上述标准具体化，充分考虑考核评价指标体系与学校的发展定位、发展战略是否保持一致。

2. 完善评价主体

在评价主体的选择上，既要有“多元”，又要有“多维”，针对不同类别的概论课教师，也要采取不同的评价和考核方法。评价考核方法从时间上看主要有年度考核、学期考核和聘期目标考核；从性质上看主要有定量考核和定性考核两种。从考核对象看主要分为自我评价、同行评价、领导评价和学生评价四个方面。对不同职称、处于不同发展阶段的概论课教师应该设置不同的评价考核方式。例如，概论课学科带头人、骨干教师的评价考核应由重视过程管理向重视目标管理转变，淡化年度评价考核，探索性研究。年度考核应该着重考察教师在教学岗位上的工作态度、工作状态和年度工作计划的进展情况，聘期目标考核应该关注其是否完成预定的工作目标。

3. 科学使用考评结果

在评价考核结果的使用上要实现概论课教师个体发展与学校发展的双赢。教师评价考核的根本目的是充分调动教师的工作积极性，激发个人潜能，实现学校整体的教学和发展目标。既服务于教师个人，也服务于学校整体的发展要求，既达到科学管理、学校发展的目的，又达到激励教师、教师发展的目的。

评价考核的目的主要表现在三个方面：其一，给概论课教师一个科学的反馈信息，包括已达到和尚未达到的目标，鼓励其不断成长。为此，必须向教师个人反馈考核结果，采用教师能够接受的方式，使概论课教师团队了解自己的成绩和不足，清楚自己的努力方向和改进工作的具体做法，促进教师的职业发展。其二，为概论课教师的在职培养提供科学依据，利用评价考核反映出教师在某个方面的能力、潜质和缺陷，提供培训机会，有针对性地进行在职培养。其三，为实施奖惩、聘任、晋升、薪酬等激励措施提供客观地依据。评价考核通过将结果运用于教师的奖惩、聘任、晋升、薪酬等方面而起到激励的作用。根据绩效管理理论，决定教师工作绩效水平的重要因素之一是学校是否为他们提供了足够的事业成功的机会。

参考文献

［1］列宁全集（第45卷）［M］. 北京：人民出版社，1990.

［2］马克思恩格斯全集（第21卷）［M］. 北京：人民出版社，2003.

［3］马克思恩格斯选集（第3卷）［M］. 北京：人民出版社，2012.

［4］列宁全集（第14卷）［M］. 北京：人民出版社，1988.

［5］习近平谈治国理政（第二卷）［M］. 北京：外文出版社，2017.

［6］习近平总书记教育重要论述讲义［M］. 北京：高等教育出版社，2020.

［7］中共中央文献研究室，中央档案馆．建党以来重要文献选编（1921—1949）（第1册）［M］. 北京：中央文献出版社，2011.

［8］教育部社会科学司．普通高校思想政治理论课文献选编（1949—2008）［M］. 北京：中国人民大学出版社，2008.

［9］傅志军．构建提高教学质量长效机制的实

践与探索［M］. 陕西：西安电子科技大学出版社，2011.

［10］马莉. 高职院校执行力研究［M］. 四川：西南交通大学出版社，2017.

［11］李进才. 高等教育教学评估词语释义［M］. 湖北：武汉大学出版社，2016.

［12］忻平，吴德勤. 高校思想政治理论课改革发展研究［M］. 上海：上海大学出版社，2015.

［13］赵越. 思想政治理论课综合实践教程［M］. 辽宁：辽宁大学出版社，2018.

［14］钱伟长. 教育和教学问题的思考［M］. 上海：上海大学出版社，2003.

［15］张强. 高校教学团队建设的博弈分析——基于高等教育“质量工程”的研究［M］. 北京：经济科学出版社，2011.

［16］张艳辉. 课程与教学视野中的大学教师研究［M］. 北京：中国社会科学出版社，2008.

［17］宋庆喜，张志臣. 理论实践与创新衡水学院思想政治理论课改革与探索［M］. 河北：河北人民出版社 2017.

［18］耿益群. 研究型大学教师绩效评价制度研究［M］. 北京：知识产权出版社，2017.

［19］邹春花，黄连杰. 多元视角下我国高校青年教师发展研究［M］. 北京：北京理工大学出版社，2017.

［20］王学锋. 成人高等教育管理与实践［M］. 云南：云南民族出版社，2007.

［21］瞿葆奎. 教育学文集教育制度［M］. 北京：人民教育出版社，1990.

［22］王霞. 大学教育和社区教育的互动协同发展，［M］. 北

京：中国社会出版社，2019.

［23］郭大成．高校促进产学研用结合理论与实践［M］．北京：北京理工大学出版社，2012.

［24］石书玲．知识联盟的形成与运行机理研究［M］．天津：南开大学出版社，2015.

［25］卫田．职业责任与领导力［M］．上海：复旦大学出版社，2018.

［26］邓涛．教师专业合作的理论与实践研究［M］．长春：东北师范大学出版社，2011.

［27］魏敏．管理心理学［M］．大连：东北财经大学出版社，2011.

［28］剧锦文．企业与公司治理理论研究［M］．北京：中国经济出版社，2018.

［29］赵国祥．组织行为学［M］．大连：东北财经大学出版社，2016.

［30］何东昌．中华人民共和国重要教育文献（1949—1975）［M］．海口：海南出版社，1998.

［31］中华人民共和国教育大事记（1949—1982）［M］．北京：教育科学出版社，1984.

［32］李涛，借鉴与发展——中苏教育关系研究（1949—1976）［M］．杭州：浙江教育出版社，2006.

［33］孙萍．新形势下教师专业发展的全方位探究［M］．长春：吉林大学出版社，2018.

［34］胡守钧．社会共生论［M］．上海：复旦大学出版社，2012.

［35］詹青龙等．高校创客教育的智慧化发展研究［M］．北

京：北京交通大学出版社，2019.

［36］沈映春．高校的社会责任［M］．太原：山西人民出版社，2015.

［37］习近平新时代中国特色社会主义思想学习问答［M］．北京：人民出版社，2021.

［38］本书编写组．党的十九大报告辅导读本［M］．北京：人民出版社，2017.

［39］中共中央宣传部．习近平新时代中国特色社会主义思想三十讲［M］．北京：学习出版社，2018.

［40］郭凤志．高校思想政治理论课建设研究［M］．北京：北京师范大学出版社，2020.

［41］戴钢书．高校思想政治理论课教学跨学科研究方法论［M］．北京：中国人民大学出版社，2017.

［42］李芳．高校思想政治理论课教学方法科学化研究［M］．北京：中央编译出版社，2019.

［43］俞念胜．“课程育人”视域下高校思想政治理论课实效性研究［M］．芜湖：安徽师范大学出版社，2020.

［44］胡绪明．高校思想政治理论课实践教学案例与课程设计［M］．天津：天津人民出版社，2021.

［45］戴钢书．高校思想政治理论课实践教学论［M］．北京：中国人民大学出版社，2015.

［46］顾海良．高校思想政治理论课建设研究［M］．北京：中国人民大学出版社，2016.

［47］张耀灿．高校思想政治理论课教育教学质量监测体系研究［M］．北京：经济科学出版社，2014.

［48］董前程．高校思想政治理论课教学模式改革研究［M］．

北京：中国社会科学出版社，2018.

[49] 刘淑娟．高校思想政治理论课混合式教学研究［M］．北京：九州出版社，2022.

[50] 华学成，王红艳，张琴．高校思想政治理论课理论与实践一体化教学模式研究［M］．北京：中国矿业大学出版社，2014.

[51] 赵冰梅，曲洪波，等．思政课落实创新计划背景下的概论课教学改革探索［M］．沈阳：东北大学出版社，2016.

[52] 习近平．出席世界经济论坛“达沃斯议程”对话并发表特别致辞［N］．人民日报，2021－01－26（1）．

[53] 习近平．用新时代中国特色社会主义思想铸魂育人 贯彻党的教育方针落实立德树人根本任务［N］．人民日报，2019－03－19（1）．

[54] 习近平．主持召开学校思想政治理论课教师座谈会强调：用新时代中国特色社会主义思想铸魂育人 贯彻党的教育方针落实立德树人根本任务［N］．人民日报，2019－03－19（1）．

[55] 习近平．在纪念五四运动100周年大会上的讲话［N］．人民日报，2019－05－01（2）．

[56] 习近平．在北京大学师生座谈会上的讲话［N］．人民日报，2018－05－03（2）．

[57] 推动更深层次改革实行更高水平开放 为构建新发展格局提供强大动力［N］．人民日报2020－09－02（2）．

[58] 习近平．在企业家座谈会上的讲话［N］．人民日报，2020－07－22（2）．

[59] 习近平．坚持中国特色社会主义教育发展道路 培养德智体美劳全面发展的社会主义建设者和接班人［N］．人民日报，

2018－09－11（1）.

［60］习近平．在纪念马克思诞辰200周年大会上的讲话［N］．人民日报，2018－05－04（2）.

［61］决胜全面建成小康社会 夺取新时代中国特色社会主义伟大胜利［N］．人民日报，2017－10－19（2）.

［62］习近平．坚持党的领导传承红色基因扎根中国大地 走出一条建设中国特色世界一流大学新路［N］．人民日报，2022－04－26（1）.

［63］习近平．坚持中国特色世界一流大学建设目标方向 为服务国家富强民族复兴人民幸福贡献力量［N］．人民日报，2021－04－20（1）.

［64］习近平．在党史学习教育动员大会上的讲话［N］．人民日报，2021－04－01（1）.

［65］习近平．在“不忘初心、牢记使命”主题教育总结大会上的讲话［N］．人民日报，2020－01－09（2）.

［66］扎根中国大地奋进强国征程——新中国70年高等教育改革发展历程［N］．中国教育报，2019－09－22（1）.

［67］奋发有为踏上教育现代化新征程 教育部召开党组扩大会暨理论学习中心组学习扩大会深入学习贯彻全国教育大会精神［N］．中国教育报，2018－09－14（1）.

［68］陈志文．双一流：对高校过度综合化的重塑［N］．中国青日报，2017－09－25（9）.

［69］赵秀红．“双一流”建设已进入全面落实阶段［N］．中国教育报，2018－01－01（1）.

［70］深度整合实现思政效力最大化——重庆高校思想政治理论课教师与辅导员合力育人的实践［N］．中国教育报，2018－

02－28（4）.

［71］唐未兵．高等学校的职责使命［N］．光明日报，2016－01－20（13）.

［72］韩筱蓓．理论润心田宣讲促发展——武威市深入开展理论宣讲工作纪实［N］．武威日报，2021－01－15.

［73］吉方平．补一补“信仰之钙”［N］．解放日报，2013－08－28（1）.

［74］乔恩·R. 卡曾巴赫等．团队的智慧：创建绩优组织［M］．侯玲，译．北京：经济科学出版社，1999：41.

［75］保罗·朗格朗．终身教育引论［M］．北京：中国对外翻译出版公司，1985.

［76］蔡常青．中国特色社会主义“四个自信”并列提出的重大价值［J］．红旗文稿，2016（18）：15－16.

［77］刘宝存．建设高水平教学团队 促进本科教学质量提高［J］．中国高等教育，2007（05）：29－31.

［78］顾钰民．以教师科研能力提高促进思想政治理论课改革创新［J］．理论与改革，2020，（1）：7－11.

［79］袁本文，张治银．关于提升思想政治理论课教师科研能力的思考［J］．学校党建与思想教育，2019（11）：68－70.

［80］柳礼泉，杨葵．高校思想政治理论课教师教学科研一体化论析［J］．马克思主义理论学科研究，2019，5（06）：159－168.

［81］张永缜．马克思共生思想的概览考察——面向现代性反思对马克思主义哲学的一种新解读［J］．社会科学家，2009（10）：13－18.

［82］周小芹．高校思想政治理论课教师教学与科研综合能力提升：逻辑、问题和路径［J］．思想教育研究，2021（02）：105－110.

[83] 刘建军. 怎样才能上好高校思想政治理论课 [J]. 求是，2019，(8)：60－65.

[84] 张雷声.21世纪马克思主义中国化的真理力量 [J]. 人民论坛，2017 (S2)：36－37.

[85] 陶利江. 论高校思政课实践教学深度体验的层次结构、制约因素及破解路径 [J]. 河南社会科学，2020，28 (11)：91－97.

[86] 王瑞. 高校思想政治理论课实践教学面临的问题与对策 [J]. 绥化学院学报，2011，31 (01)：39－40.

[87] 李邢西. 高校思想政治理论课实践教学考核评价机制构建研究 [J]. 思想教育研究，2017 (01)：67－70.

[88] 王璐. 分析高校思想政治课的课程性质及教学设计——评《高校思想政治理论课导学》 [J]. 中国党政干部论坛，2021 (04)：100.

[89] 刘同舫. 高校思想政治理论课的功能及其实现 [J]. 思想理论教育导刊，2021 (12)：84－90.

[90] 崔华勇，赵启君. 高校教学团队建设的思路、原则和构成要素 [J]. 长春理工大学学报，2012，7 (08)：1－2.

[91] 张宇燕. 理解百年未有之大变局 [J]. 国际经济评论，2019 (05)：9－19，4.

[92] 何毅亭. 谈谈我国新发展阶段 [J]. 全球商业经典，2021 (01)：30－35.

[93] 崔丹，张祖冲. 改革开放以来高校思政课教师队伍建设的发展历程和基本经验 [J]. 前沿，2012 (18)：185－186.

[94] 郑崇玲. 新中国成立以来党领导高校思政课建设的历史考察 [J]. 中国高校社会科学，2020 (03)：19－28，157.

[95] 莫岳云. 马克思主义理论学科建设的主要经验 [N].

中国社会科学报，2020－10－22（001）.

［96］顾海良．改革开放以来高校思想政治理论课教师队伍建设回顾与展望［J］．思想理论教育，2008（17）：4－10.

［97］王虹，丛婷婷．高校思想政治理论课教师队伍建设的若干问题及思考［J］．沈阳师范大学学报（社会科学版），2010，34（01）：114－116.

［98］骆郁廷．改革开放40年来高校思想政治理论课教师队伍建设的历史发展［J］．思想理论教育导刊，2018（10）：16－24.

［99］李光莉，徐晓宁．高校思想政治理论课教师队伍建设面临的矛盾及其对策研究［J］．国家教育行政学院学报，2010（01）：76－79.

［100］郑洁，侯玲玲．高校思想政治理论课教学科研团队建设探微［J］．学校党建与思想教育，2014（17）：58－60.

［101］沈壮海．讲出思想政治理论课应有的精彩［J］．奋斗，2019（17）：79.

［102］陈春宏，王军，胡燕萍．新时代加强高校思政课教师队伍建设的若干思考［J］．攀枝花学院学报，2021，38（06）：88－93.

［103］李济沅．高校学生理论类宣讲社团的育人功能面临的困境及应对［J］．高教论坛，2020（08）：66－69.

［104］张文军．新媒体时代党校教师如何面向基层开展理论宣讲［J］．中国报业，2018（22）：104－105.

［105］寇金路，刘扬，李雅君．苏联教师教育发展历史沿革及启示［J］．继续教育研究，2019（06）：45－48.

［106］金允通．苏联边远地区的高校是怎样充实师资队伍的——勃拉戈维申斯克农学院培养教师的几点做法［J］．辽宁高等教育研究，1985（05）：66－67.

［107］彭亚骏，林琳，董芸．国外高校教师发展实践经验对我国建设中国特色社会主义高校的借鉴［J］．未来与发展，2019，43（11）：23－27.

［108］王琳．美国高校教师发展的现状及启示［J］．浙江外国语学院学报，2011（06）：80－84.

［109］石小军．日本高校教师培养发展制度和实践的考察［J］．现代大学教育，2017（02）：48－61.

［110］鈴木敏行．学士課程教育の改革とFD制度化をめぐる諸課題［J］．京都大学高等教育研究，2007（13）．

［111］．苑梅香．谈教师的责任担当——做大国工匠成长的铺路石［J］．黑龙江教育学院学报，2017，36（07）：19－21.

［112］何洁．新时代高校思想政治理论课教师的历史使命和责任担当［J］．继续教育研究，2019（04）：68－73.

［113］占毅．红色资源融入高校思想政治理论课教育教学探究［J］．思想教育研究，2016（01）：108－111.

［114］秦书生，艾万丽．当好新时代高校思想政治理论课教师的“六个要求”——学习习近平在学校思想政治理论课教师座谈会上的重要讲话［J］．现代教育管理，2019（08）：43－48.

［115］柳清秀．建构提升高校教师业务能力的培训机制探讨［J］．湖北师范学院学报（哲学社会科学版），2012，32（06）：110－113.

［116］龚晓莺，李雯静．制约毛泽东思想和中国特色社会主义理论体系概论课教学质量提升的问题及对策［J］．教育观察，2020，9（45）：29－31.

［117］王易．高校思想政治理论课改革创新的多维解读［J］．马克思主义理论学科研究，2020，6（05）：142－150.

[118] 王增福. 以马克思主义学院建设深化思政课改革创新[J]. 山东教育（高教），2020（06）：6-8.

[119] 张玲玲. “毛泽东思想和中国特色社会主义理论体系概论”课教学中的主体缺位问题及其对策研究[J]. 思想教育研究，2017（07）：89-92.

[120] 汪琼枝. 思想政治教育全过程融入专业社会实践协同育人模式初探[J]. 思想理论教育导刊，2019（08）：128-131.

[121] 张玉兰. 高校思政课实践教学研究[J]. 山东理工大学学报（社会科学版），2013，29（03）：95-100.

[122] 李义丹，董玥欣. “双一流”建设背景下的一流人才：内涵、评价、生成与发展[J]. 重庆大学学报（社会科学版）：Doi：10.11835/j.issn.1008-5831.pj.2022.05.003.

[123] 刘建凤，武宝林. 高校教学团队建设与管理探析[J]. 中国大学教学，2013（04）：80-82.

[124] 唐胜男，沈强. 加强高校大学生风险防范意识教育的有效对策[J]. 决策探索（中），2019（01）：19-20.

[125] 洪华. 基于合作竞争的合作剩余研究[D]. 南京：南京理工大学，2004.

[126] 深入学习坚决贯彻党的十九届五中全会精神确保全面建设社会主义现代化国家开好局[N]. 人民日报，2021-01-12（1）.

[127] 中共中央关于制定国民经济和社会发展第十四个五年规划和二〇三五年远景目标的建议[N]. 人民日报，2020-11-04（1）.

[128] 完整准确全面贯彻新发展理念确保“十四五”时期我国发展开好局起好步[N]. 人民日报，2021-01-30（1）.

[129] 吴小妮. 新中国成立初期的思想政治理论课建设

[N]. 光明日报，2019－09－06（11）.

［130］中共中央 国务院关于全面深化新时代教师队伍建设改革的意见［N］. 人民日报，2018－02－01（2）.

［131］用新时代中国特色社会主义思想铸魂育人贯彻党的教育方针落实立德树人根本任务［N］. 人民日报，2019－03－19（1）.

［132］姚雪青. 高校做科研，望向更远处［N］. 人民日报，2020－03－18（12）.

［133］中共中央宣传部 教育部关于进一步加强高等学校思想政治理论课教师队伍建设的意见［EB/OL］. http://www.moe.gov.cn/srcsite/A13/moe_772/200809/t20080925_80380.html.

［134］中央宣传部 教育部关于印发《新时代学校思想政治理论课改革创新实施方案》的通知［EB/OL］. http://www.gov.cn/gongbao/content/2021/content_5595931.htm. http://www.moe.gov。cn/srcsite/A13/moe_772/201612/t20161223_292849.html.

［135］国务院关于印发统筹推进世界一流大学和一流学科建设总体方案的通知［EB/OL］. http://www.moe.gov.cn/jyb_xxgk/ moe_1777/moe_1778/201511/t20151105_217823.html.

［136］中共教育部党组关于学习贯彻落实全国高校思想政治工作会议精神的通知［EB/OL］. http://www.moe.gov.cn/srcsite/A13/moe_772/201612/t20161223_292849.html.

［137］鲁燕. 做好高校思想政治工作和理论宣讲［EB/OL］. http://www.sx－dj.gov.cn/a/kjww/20220304/63709.shtml.

［138］陕西省在第二届全国高校思想政治理论课教学展示中获佳绩［EB/OL］. https://baijiahao.baidu.com/s?id=1719854706619892800&wfr=spider&for=pc.

［139］新发展阶段新在哪里？陈一新从八个方面进行阐释

[EB/OL]. https://baijiahao.baidu.com/s?id=1689031293919344467&wfr=spider&for=pc.html.

[140] 段敏. 新发展理念助力"十四五"发展腾飞 [EB/OL]. https://www.163.com/dy/article/G3H10EN40514DBE9.html.

[141] 王玮. 应对"百年未有之大变局"的机遇与挑战 [EB/OL]. http://www.cssn.cn/zx/bwyc/201912/t20191217_5060169.shtml.

[142] 学者谈人工智能伦理治理：要将伦理融入 AI 全生命周期 [EB/OL]. https://www.sohu.com/a/554130461_260616?tc_tab=s_news&block=s_news&index=s_0&t=1654341874011.html.

[143] 2021 年，日本 GDP 总量 4.9 万亿美元！美国是日本的 4.7 倍，中国呢 [EB/OL]. https://baijiahao.baidu.com/s?id=1724837392161126047&wfr=spider&for=pc.html.

后　记

1994年6月，我大学毕业回到家乡，开始了自己的教学生涯。自此以后，成为一名有情怀、乐奉献的优秀教师便成为我的梦想。为了提升自己的教学能力，我走上深造之路。2007年博士毕业来到湖南科技大学，是我从教生涯的一个重大转折点。由于学科专业的转换，面对如何站好高校思想政治理论课这个大讲台，我竟然有些迷茫。就在茫然不知所措时，概论课教研部的老师们给予了我极大的帮助，从课堂教学的设计到科研努力的方向，我都得过教研部老师们的指点和帮助。在他们的关心帮助下，我得以逐渐成长。于是，团队的力量深深地镌刻在了我的心里，如何加强教学团队建设也逐步进入我的研究视野。2019年，我申报的“高校‘概论’课‘展示21世纪真理力量’教学团队建设研究”获批湖南省高校思政课骨干教师优秀团队项目，更是坚定了我要研究高质量教学团队建设的决心，也促成了本书的写作。

在本书的写作过程中，湖南科技大学“毛泽东思想和中国特色社会主义理论体系概论”课程教研部的所有同仁一直予以关心和支持，包括确定书名、询问进程等事宜；湖南科技大学马克思主义学院积极帮助落实资助政策，使得本书的写作免除了一切后顾之忧；我的学生杜晨营、张鑫、刘莎、匡宇威等分别完成了第七章、第三章、第四章、第五章的初稿。在撰写书稿的过程中，作者的思想还不断受到许多研究文献作者思想的启迪，他们对本书稿的完成也提供了许多无形的帮助。在此，对所有为本书出版提供帮助的同仁和学生表示真诚的感谢！

本书的顺利出版，离不开本书责任编辑知识产权出版社彭小华先生的辛勤工作，他的敬业高效，保证了本书的出版质量，对他表示由衷的感谢。

由于作者水平的制约，本书仍然存在许多瑕疵，敬请各位读者批评指正。

杨松菊

2022 年 9 月